運命向上の
智慧と秘術

生霊論《いきりょうろん》

RYUHO OKAWA
大川隆法

まえがき

いわゆる「生霊《いきりょう》」については、私の経験量は、相当に多い。しかし、大部分は、個人のプライバシーに触れるので、CDや本にして発表できる機会は少ない。ただ、人はどんなことで悩みを持つのか、欲を持つのか、くやしいと思うのか、などを勉強する機会にはなる。

たとえば、最近、さる高貴な方がオープンカーでパレードされたが、前日の式典で、「なぜ涙を流したか。」を四十分以上も私のところへ来て霊言として語られたとしても、その内容を編集部に渡しはしない。私の仕事としては非生産的だが、「国師」として、個人的にその方の魂を慰《なぐさ》めるのみである。

携帯電話やスマートフォンなどを持たなくとも、いろんな方々の悩みは、直接に私の心の耳に聞こえてくる。

本書が何らかの意味で、参考になれば幸いである。

二〇一九年　十一月十二日

幸福《こうふく》の科学《かがく》グループ創始者兼総裁《そうししゃけんそうさい》　大川隆法《おおかわりゅうほう》

生霊論　目次

第1章　生霊論《いきりょうろん》

二〇一九年十月二十九日　説法《せっぽう》
幸福の科学 特別説法堂にて

第2章　実戦・生霊対策法
――「生霊論」Q&A

二〇一九年十月二十九日
幸福の科学 特別説法堂にて

第3章　欲と生霊

――生霊の発生原因と対処法

二〇一一年一月四日　説法

東京都・幸福の科学総合本部にて

3　「争」の原因となっている「欲」を見抜くには

「生霊《いきりょう》」とは、一般《いっぱん》には、生きている人間の霊魂《れいこん》が肉体を抜《ぬ》け出してさまよい、障《さわ》りなどを起こす存在と考えられている。幸福の科学の霊査《れいさ》では、本人自身の強い念《おも》い（表面意識部分）と、本人の守護霊《しゅごれい》（潜在《せんざい》意識部分）とが合体したものとされる。

第1章

生霊論《いきりょうろん》

二〇一九年十月二十九日　説法《せっぽう》

幸福の科学　特別説法堂にて

1　生霊《いきりょう》が起こす物理現象

「生きている人間の念波《ねんぱ》」が現象化してくる

「生霊《いきりょう》」については、最近、触《ふ》れることも多いのですが、「生霊」という言葉をズバッと題に付けた本はまだ出していないので、少し話をしていく必要があるのではないかと思っています。

昔、私がいわゆる霊道《れいどう》を開いたあとあたりでは、高級霊のほうから、私と話をしたくて来ていた場合も多くありましたし、それを邪魔《じゃま》しようとして、悪霊《あくれい》、悪魔が出てきたりすることも多かったのですが、最近は、そうした者もたまには来ますが、普段《ふだん》はあまり来ません。「よく来る」という意味では、どちらかという

●私がいわゆる霊道を……　1981年3月23日、天上界《てんじょうかい》から初めて明確な啓《けい》示《じ》を受け、大いなる悟りを開いた（大悟《たいご》）。

と、生霊の占有率《せんゆうりつ》のほうが高くなってきています。

生きている人間の場合、悩《なや》みが解決していない間は念波《ねんぱ》を発し続けているので、その念波を受けてしまうと、それを受けたところで、その念波が現象化して出てくることがよくあります。私のような霊能者になってくると、そういう念《おも》いが通じるだけではなく、念いを受信したあとに、それが実体化してくるケースが多いのです。

それを客観的に見れば、不思議なことに、幽霊《ゆうれい》が立っているのと変わらないというか、霊が取り憑《つ》いているのと変わらない状況《じょうきょう》になることがあります。

生霊《いきりょう》が来ると、急に体調が悪くなることがある

現代人は死後の世界をなかなか認めませんし、神様も仏様も、霊魂《れいこん》も認めない人が多くなってきているので、生霊《いきりょう》などという話を聞くと、「平安時代の古典で

読んだことはあるけれども、バカバカしい。千年以上も前の話でしょう」というように思うでしょう。

その平安時代には、霊的なものを認めるほうがむしろ常識であり、例えば、子供が熱を出したり、急に病《やまい》にかかって体の調子が悪くなったりしたら、「何かが来て取り憑いたのかな」と思い、祈禱師《きとうし》であるとか、密教僧《みっきょうそう》、陰陽師《おんみょうじ》などを呼んで、お祓《はら》いをしたりすることが多かったと思います。当時、彼らは医者の代わりでした。

生霊が来ると、確かに、現実に病気になり、病変が現れることもあれば、突如《とつじょ》、熱が上がることもあります。発熱したり、血圧が上がったり、人によっては、血圧がすごく下がったりする現象が起きることもあります。そういうときには、生霊が来ているケースが多いのです。

したがって、昔の物語をあまりバカにしてはいけません。今は、「科学的に」

と言いつつ、それが分からなくなっているだけです。「科学的」というのは、（真実から）遠ざかっているだけであることが多いのです。

「心に起因する病気」を解明できないでいる現代医学

私は、（この世とあの世の）両方を半々ぐらい見ているのですが、「科学的」とか「医学的」とか言っていても、医者の言っていることも、かなり「迷信《めいしん》」に近いものに見えてしかたがないことがあります。

病気の理由を医者に訊《き》いても、たいていの場合、分かりません。病気の理由は医者にはほぼ分からなくて、「なぜかできた」ということなのです。できたあとについては、「このようになることが多い」という〝確率戦〟の話をしてくるのですが、「どうしてできるんですか」と訊くと、まず答えられない病気がほとんどなのです。

医者は、生まれつきの遺伝子や食べ物、運動不足などを言うことはできますが、「心に起因する病気」については、ほぼ〝お手上げ〟状態でしょうか。「本人自身の心に起因する病気」の場合だけではなく、「他人《たにん》の心に起因する病気」についてもお手上げ状態であり、医学もまだ（ほかの科学と）同じぐらい〝未開〟のなかにあるように思えます。

本当に、もう少し、いろいろなことが分かるようになるといいと思います。

生霊《いきりょう》がなかなか退散《たいさん》しない場合の理由

私自身については、今、「自分が生霊《いきりょう》になって、いろいろなところに行き、何かをやっている」ということは、たぶん、ほとんどないだろうと思います。

どちらかというと、受け身のほうであり、人工衛星か〝第二東京タワー〟のような感じで、いろいろなところから発信されている電波というか、声を聴《き》いているほうが多く、全体的には鏡のようになっているだろうと思うのです。

そのため、生霊のように何か強い念いを持って発信してくるものがあると、必ず反応が出てきます。したがって、生霊が一日中いることはほぼできなくて、一時間や二時間以内には正体が明らかになることが多いかと思います。

たいてい、話をして生霊を退散《たいさん》させることはできるのですが、「この世の人間が悩みを抱《かか》えていて、それが続いている場合には、それが終わらないと〝配信〟が止まらない」ということはあります。

また、強引《ごういん》に退散させようとしても、どうすることもできないような例も、あることはあります。

2　生霊《いきりょう》現象の実体験ケーススタディ

ケース1　男女間の恋愛《れんあい》の場合

「最初に生霊《いきりょう》を自分で体験したのはいつかな」と考えていたのですが、今の時点で思い返してみると、もう四十数年前になると思います。それは学生時代ですが、当時はまだ霊道《れいどう》を開いていなかった時期ではないかと思われます。幸福の科学の映画でも描《えが》かれていましたが、ちょっと好きになった女性が出てきて、私が手紙を書いていたころです。

郷里《きょうり》のほうにも、高校時代に少し好きになっていた相手がいたことはいたのですが、私が東京の大学に入って数百キロも離《はな》れた状態になったら、やはり、だんだんだん疎遠《そえん》になり、話も合わなくなって、少しずつ気持ちが離れてきていました。そのころに、東京のほうで好きな人ができたので、そちらのほうに気持ちが行っていた時期だったと思います。

「隣人愛《りんじんあい》」や「人類愛」といった普遍《ふへん》的な愛においては、大勢の人を愛することができるのですが、「男女の間の恋愛《れんあい》」が複数間で成り立つのは、けっこう難しいものです。男女間であっても、人によっては、友達レベルの関係でいられる人もいるらしいのですが、わりあい数は少ないでしょう。

相手を好きになってくると、だんだん接近してきます。そして、気持ちがつながってくれば、どちらかというと、「一対一」になってきて、「排他《はいた》性」が出てくる傾向《けいこう》はあると思います。

「二人の相手を同時に好きになる」ということは、プレイボーイ型であればありえるのでしょうが、現実には大多数の人はそうはならないと思うのです。このあたりが、「三角関係だ」「不倫《ふりん》だ」などと非難される理由でもあろうかと思います。

恋愛感情的なもので言えば、ノーマルな感覚を持っている人だと、やはり、最終的には、好きな人は一人になります。ある人を好きになると、だんだん、ほかの人と疎遠になってくるというか、同時には成り立たないようになってくるのが普通なのです。これは、「人を愛せよ」という教えとは別であり、そのようになっているのです。

したがって、異性関係では、相手を好きになると「排他性」が出てくる場合があります。緩《ゆる》やかな浅い関係であれば、いろいろな人との付き合いは可能になるのですが、他人《ひと》から誤解されるような深い関係には、なかなかなれないようになってきます。それが当たり前だろうと思います。

今の私ぐらいの年齢《ねんれい》や立場、経験の人になってくると、女性に優《やさ》しくしても、誰《だれ》も本気にしませんし、相手も、「立場上、誰に対しても優しくしているのだろうな」と思うでしょう。ただ、私がもう少し若くて二十代ぐらいだったら、そうはいかないところはあります。

私が最初に体験した生霊《いきりょう》は「天井《てんじょう》いっぱいに広がった顔」

最初に私が「生霊《いきりょう》」を体験したのは、はっきりと確定はできないのですが、学生時代の春休みだったと思います。日曜日だったような気もするのですが、春休みで曜日の感覚がなかったのだと思うのです。

その日は休みだったので、朝八時ごろに起きたと思います。そのとき、目がうっすらと開《あ》いてくるのと同時に、郷里にいるその女性の顔が視《み》えてきました。私は布団《ふとん》で寝《ね》ているのですが、目を開けても、それが視えるのです。

天井《てんじょう》は、杉《すぎ》の板か何かでできた、木目がある天井だったのですが、視ていると、その顔が、だんだん、だんだん大きくなって、天井いっぱいいっぱいまで広がりました。

これは私にとって初めての経験であり、びっくりしてしまいました。顔が拡大していき、天井いっぱいに広がったので、「ええーっ、こんなことがあるんだろうか」と思ったのです。

そのときには私はもう目が開いているので、夢ではありません。私の目は開いているのに、天井いっぱいにその女性の顔が広がったわけです。

そのあと、耳元から「電話をかけてほしい」という声が聴《き》こえてきたのです。私は、「起きて玄関《げんかん》から出ていき、近くにある公衆電話のところに行こうか」と思いました。今とは違《ちが》って、当時は手紙か公衆電話ぐらいしか連絡《れんらく》手段がない時代だったので、「ああ、そうだ。起きて電話をかけなきゃいけないのかな」と思ったわけです。

そこで、「なぜだろうか」と考えてみたら、その日はその人の誕生日でした。おそらく、「誕生日だから、今日は連絡が欲《ほ》しい」という念波《ねんぱ》を、その女性が出したのでしょう。私はそれをキャッチしたわけです。それで声が聴こえてきて、顔が天井いっぱいに広がるのを視たのです。

このような経験は本当に初めてでした。メートル数で言うと、数メートルはある顔です。三次元ではなく二次元なのですが、それが天井いっぱいいっぱいに広がったのです。

そういう経験はその一回しかありませんが、その日がたまたまその人の誕生日だったことを思い出しました。

もしかしたら、向こうも霊能者だったのかもしれません。その可能性はあると思います。その人はクリスチャンでしたが、今にして思えば、霊能者だったのかもしれないと思うのです。

そのときの私は、まだ、それほどはっきりとした霊能力を持ってはいなかったのですが、その現象は少なくとも霊能的なものです。

顔が拡大して天井いっぱいまで広がりましたが、数メートルの顔はけっこう怖《こわ》くて、ある意味では大入道《おおにゅうどう》のようです。

そして、部屋の窓から見えるところに公衆電話があったのですが、「下に降りていって、公衆電話から電話をかけてほしい」という声が耳元から聴こえてきたのです。

間違いなくそういう声が聴こえたので起きたのですが、そのとき、私の気持ちは別の人のほうにちょっと行っていて、「手紙の返事が来ないかな」などと思ったりしていたため、気持ちが両方には向いていかず、電話をかけなかったのです。

そういうことが一回あったのをはっきりと覚えています。今にして思えば、あれは、いわゆる生霊だったわけですが、生霊にはそのような力があるのです。自分の姿を拡大して大写しに見せて、内側から声が聴こえてくる感じがありました。

当時は、私がまだ霊道を開く前なので、もしかしたら、相手のほうに霊能力があったのかもしれませんし、私もすでに霊的なものを感じやすくはなっていたため、それが分かったのかもしれません。そのあたりは、あまり正確ではないのですが、生霊と思われる体験として明確なのは、これがおそらく最初です。

ケース2 「神域《しんいき》空間」では、生霊《いきりょう》現象をクリアに見抜《みぬ》ける

その後、この仕事を始めてから、ときどき出てき始めていましたが、最初のうちは、「生霊《いきりょう》」のほうはあまりよく分からなかったのです。亡《な》くなった方の場合は、誰が来ているかがすぐによく分かったのですが、生きている人間の「守護《しゅご》霊《れい》」などが言ってきている場合には、初めのうちは、誰の守護霊が来て、そのようにそそのかしているというか、私に思わせようとしているのかが特定できませ

んでした。

霊能者にもレベルというものがあり、修行《しゅぎょう》によって洗練《せんれん》度が上がってくるのです。

最初のうちは、何となく、思いを感じたり、そのようにしたくなったり、書きたくなったり、何か電話して仕事の指示をしたくなったりするのですが、「これは自分の考えなのかな。いや、違うかもしれない」というような感じなのです。

たいていは、幸福の科学の職員の幹部クラスの方の生霊などが、例えば、人事の辞令を私に書かせようとしたりします。「昇格《しょうかく》させろ」とか、嫌《きら》いな人がいると、「その人を、どこそこに異動させろ」とかいうような辞令を書かせようとして、来ていたのだと思います。

私が、「○○殿《どの》、沖縄正心館《おきなわしょうしんかん》館長を命ず」と書いて、総合本部にファクスを送ったら、それでもう、その日のうちに異動になります。生霊にあっさりやられると、自分が考えたかのように思って書いて、そのとおりになってしまうわけです。それが、最初のうちは、誰なのかがよく分からないことが多かったのです。高級霊の場合は、はっきりと名乗って来ることが多かったですし、こちらが呼んで来てもらうことも多かったのですが、生霊の場合は、そのあたりがよく分からなかったわけです。

明瞭《めいりょう》に、「今、誰の守護霊が来て言っているのか」というのが分かるようになったのは、栃木《とちぎ》県の宇都宮《うつのみや》に移ったときです。一九九六年に、宇都宮に総本山《そうほんざん》をつくり、私もそこに通えるように、止住《しじゅう》できる宗教施設《しせつ》をつくって二年間ほどいたのですが、この期間に、明確に分かるようになりました。

そのときに、「やはり、精舎《しょうじゃ》などの建物を建てて、神域《しんいき》空間があるということは、とても大事なことなのだな」とよく分かりました。そういう神域があって、それを護持《ごじ》している人がいると、非常にクリアにいろいろなものが視えてくるの

●宇都宮に総本山を……　1996年、栃木県宇都宮市に幸福の科学の精舎、総本山・正心館が落慶《らっけい》。なお、精舎とは、幸福の科学の大型の参拝《さんぱい》・研修施設のこと。

です。普段は、いろいろな雑念が飛び交《か》っていますが、そうしたものがかなりカットされて、何の〝電波〟が入ってきているのかが明確に分かるようになったわけです。

そのように、「今、誰の守護霊の念波が来ているのか」といったことまで、はっきり特定できるようになったのは、一九九六年ぐらいからです。それまでにも、霊言《れいげん》等は十五年ぐらい行《おこな》っていましたが、生きている人の「念《おも》い」は、向こうの都合《つごう》でスッと急に来ます。こちらが呼んで来てもらっているわけではないので、誰であるかが、なかなか分からないことがあったのです。

現代の職場にもある「生霊《いきりょう》の影響《えいきょう》」

ただ、こうした「生霊《いきりょう》の影響《えいきょう》」は、ある意味で、霊能者ではない、この世で普通に働いている人たちも受けているだろうと思います。職場などでも、「この人は嫌いだな」とか、「この人は好きだな」とか思っているという感じというのは、だいたい分かるのではないでしょうか。あるいは、ある人の顔を見ていると、「ああ、この人を昇級させなきゃいけないな」と思ったりするなど、人事も、けっこう生霊レベルで動いているのではないかと思います。

毎日、念波を発射《はっしゃ》されていると、みな感じるのです。私の商社勤務時代を思い出してみても、そういうものは、やはりあっただろうと感じます。

要するに、霊能者でもないのに、ある意味で、みなが霊能者のように「感じる」ということです。例えば、「この人は、こういう人だ」とか、「こういうふうに思っているのだろうな」とか、「本当は、偉《えら》くなりたいと思っているのだろう」、「○○さんのことが好きなのではないか」といったようなことまで、傍目《はため》で感じることがありますが、これは、霊能者でなくても、ある程度、そういうことが分かる力が備わっているということかと思います。

したがって、人事などの面では、現実に今、いろいろな会社でもけっこう起きているのではないかと思うのです。

それから、人の好き嫌いなど、「ずっと持続的に、相手に対してどのように思っているか」ということは、以心伝心《いしんでんしん》で分かってくるものです。そういう意味での生霊の影響は、現代人も受け続けているわけです。

そうしたことが分かる人から見れば、「あなたは今、○○さんの念波を受けて、そのように思っているんだよ」と指摘《してき》するところまで、できることはできます。

そういうことはあると思います。

ケース3　「右腕《みぎうで》の痛み」を起こした生霊《いきりょう》の「思い」とは

それから、亡くなった人の霊、死霊《しりょう》や、いわゆる悪魔《あくま》に当たるようなものが来て、人を病気にさせたりすることがありますが、生霊《いきりょう》に関する明確な例を挙げるならば、平安時代に言われていたとおり、生霊が誰かに取り憑《つ》いて、その人の具合を悪くさせることも現実に起きます。それは、私も経験しています。

近年では、私の長男の生霊です。彼は以前、幸福の科学の映画製作に携《たずさ》わっていて、主演なども務《つと》めましたが、「内容が気に食わない。シナリオが気に食わない。教団のつくろうとする映画の方針が気に食わない」ということで、「自分のつくりたいものをつくりたい」という感じでした。

しかし、こちらから見ると、それは、みなが「気持ち悪い」と言うような世界を描いた映画なのです。悪魔的だったり、悪魔的ではなくても、何か少し気持ちが悪いような系統の映画をつくりたがるところがありました。

彼は、「自分としては、そういうものをつくりたい」という考えを持っていたのですが、私のほうは、「信者のみなさまからお布施《ふせ》を集めて映画を製作している以上、やはり、映画といえども、単なる娯楽《ごらく》産業に参入《さんにゅう》しているつもりであってはいけない」という考えを持っています。

もし娯楽でもよいのなら、ボウリング場を経営しても構わないですし、ゲームセンターをつくっても構わないわけです。「宗教家はお金が貯《た》まっているから、そのお金を使ってボウリング場をつくろう。ゴルフ場をつくろう。渋谷《しぶや》にゲームセンターを出そう」ということをしても構わなくなるわけですが、やはり、一定の倫理というものがあります。

宗教としてやってよい方向性に沿ったもので、世の中の役に立つものならやってもよいけれども、一般的《いっぱん》な、「何でもあり」の世界にまで参入してはいけないでしょう。

私のほうは、そういう考えを持っていたわけですが、彼のほうは、映画ということであれば、もう「何でもあり」の世界なのです。

日本の映画には、マンガを原作にしたものが何割もあります。「マンガで何百万部も売れたとかいうもので映画をつくれば、必ずヒットする」ということで、映画を製作しているのです。

確かに、マンガのなかにはいいものもありますが、玉石混交《ぎょくせきこんこう》であり、かなり悪い、〝ゲテモノ〟というか、極悪な感じのもの、悪魔的なものもたくさんあります。それでも、マンガで一定のヒットをしたものでつくれば、映画としてはヒットすることが多いでしょう。

そういうことがあるため、「勧善懲悪《かんぜんちょうあく》的に見えるようなもの、善を勧《すす》める方向があまりはっきり見えるようなものは、古い」と彼は感じるのだろうと思います。そして、「（何が善か）よく分からないものや、もっとダーティーなものを打ち出していってこそ、世間《せけん》があっと驚《おどろ》いて評判になり、大勢の人が観《み》に来るようになるのだ」というような考えを持っていたのです。

そのため、「それは、ちょっと考えが合わない」ということで、彼を責任あるポストから外したことがありました。

ちょうどそのころ、一年間ぐらい、私の「右腕《みぎうで》」の調子が悪かったのですが、最初はその原因が分かりませんでした。

当時、私は●イップ・マンの映画を観たあと、少しカンフーのパンチを練習していたので、それで腕を痛めたのだろうと、自分では思っていたのです。最後は、ポールのようなものを買ってもらい、イップ・マン式の詠春拳《えいしゅんけん》の防御《ぼうぎょ》中心のパンチを三千回も打ったりしていたら、右腕が痛くなったので、「これは、さすがにやりすぎたかな。〝年寄りの冷や水〟で、ちょっとやりすぎたかもしれないので、少し休まなければいけない」と思い、しばらく休んでいたことがあったのです。

私はプロではないので、パンチ三千回は多かったかなと思います。護身術としても、三千回も殴《なぐ》る必要はないでしょう。いきなり襲《おそ》われたとしても、三千回もボンボン殴り続けるのはやりすぎであり、相手はあの世へ逝《い》ってしまいます。そ

●イップ・マン（1893～1972）　詠春拳の達人。第二次大戦後、葉問派《ようもんは》詠春拳を香港《ホンコン》で最も有名な流派へと発展させた。また、若き日のブルース・リーが入門し、5年間修業していたことから、ブルース・リーの師匠として知られる。

れで、「そこまで練習をする必要はなかった。ちょっとやりすぎたために、腕を痛めたのだろう」と最初は思っていたのです。

ところが、意外に長い間、回復せず、半袖《はんそで》のシャツなどを着るときに、なかなか腕が通らなくて着づらいので、「おかしいな。こういうことは今までなかったんだけどなあ」と思っていたのですが、実は、生霊の影響だったのです。

当時、長男はまだ教団に片足を置いていて、いろいろと模索《もさく》している状態でしたが、常時、彼の生霊が来ていることが判明しました。

なぜ、右腕が痛くなったかというと、要するに、彼は、「自分が右腕なのだ」という念波を発信し続けていたのです。それで、私の右腕にその念波が来たわけです。「自分こそが、教団の右腕なのだ。だから、自分の言うことをきくべきだ」という念波を発信していたのです（注。右腕を痛くした理由には、映画のシナリオや原作ストーリー、歌の歌詞などを書かせないようにする意図や、「もう年だから引退しないといけないかな」と思わせようとする意図もあった）。

その後、彼に教団から外に出ていただいたあとは、腕の痛みはなくなっていきました。そのように、つながりがある間は、生霊の影響が止まらないということがあったのです。このようなこともあるわけです。

ケース4「左手の人差し指」に一点集中で来た生霊《いきりょう》

それから、あまり生々《なまなま》しくなるといけないので、若干《じゃっかん》話しにくいのですが、私の親族のなかに、結婚《けっこん》に絡《から》む問題で、うまくいっていないところがありました。

先ほどは右腕でしたが、そのときには、なぜか、「左手の人差し指」に来たのです。人差し指が半分ぐらいまでしか曲がらなくなりました。全部曲げようとすると痛くて、半分ぐらいしか曲がらないので、「おかしいな。こんなことは六十年以上の人生で経験がない。どうして曲がらないのだろう。人差し指が曲がらないなんて変な感じだな」と思っていたのです。

そのころに、南九州のほうで私の講演会があり、そのあと、高千穂《たかちほ》の神社のほうから霧島《きりしま》温泉を回ってきました。そのあたりは、「天孫降臨《てんそんこうりん》で邇邇芸命《ににぎのみこと》が降りた」と言われているところなのですが、その霧島温泉の天然温泉が湧《わ》いている宿に私は泊《と》まったのです。

そして、そこの湯船に浸《つ》かったところ、何か、左手の人差し指が勝手に動き始めたのです。それで、「これは、おかしいな。何だろう。やたら動くなあ」というような話を男性の秘書等にして、大川紫央《しお》総裁補佐《ほさ》に、それをスマホで撮《と》ってもらいました。

コップを置いて、温泉の水を入れたところに、ほかの指を入れてもまったく反応はゼロなのですが、左手の人差し指だけは、入れると急にクルクルクルクルクルッと回り始めるので、「これは、完全に何かの反応が出ている。おかしいな」と思いました。

それが邇邇芸命によるものだったのかどうかは分かりませんが、明らかに反応が出ていたので、霧島温泉に何か、日本神道《しんとう》系の神域があるのだろうと思います。

そうしたこともあって、「これは何だろうか」と思っていたら、親族関係にある若い女性の、「結婚がうまくいっていない」という思いが、生霊《いきりょう》というか生き念となって、私の左手の人差し指のところに一点集中で来ていることが分かりました。

「女性は（体の）左側に来る」というのは聞いたことはありましたが、左手の人差し指で何かを差していたのでしょうか。そこはよく分かりませんが、「人差し指が曲がらない」ということは、「何かがうまくいっていない。不自由だ」ということを言っていたのだろうと思うのです（注。先述した右腕の痛みと同様に、体が痛くなることによって、「もう年だから引退しないといけないかな」と思わせようとしていたという理由もあった）。

これも、決着がついたらなくなりはしましたが、そのようなはっきりとしたかたちで、身体的に影響が出るということが本当にあるということには、少々驚きました。

そのため、わが家では、いまだに、霧島温泉の天然水のようなものを買い続けているという状況《じょうきょう》です。私は、「もういいよ」と言ってはいるのですが、買い続けているため、しかたがないので、私もお風呂《ふろ》に入る前に温泉水を入れ続けています。特にもう何も反応はないのですが、そうした女性の生き念、生霊を祓《はら》えるのならありがたい話なので、今も入れ続けているという状態です。

人によっては別のところが動くのかもしれませんが、私の場合はそのような感じで、右腕に来たり、左手の人差し指に来たりしました。

3　現代ビジネス社会で繰《く》り広げられる生霊《いきりょう》戦

生霊の「おすがり念」「訴《うった》える念波《ねんぱ》」「攻撃《こうげき》的な念」

おそらく、生きている人が何か葛藤《かっとう》を起こしていて、その人の「おすがり念」や「訴《うった》える念波《ねんぱ》」のようなものがずっと継続《けいぞく》的に来ている場合、体のどこかに何らかの異常が出るようなことは、往々にしてあるのではないかと思います。

こういうことを知らずに、ただ、「病気になった」とか、「怪我《けが》をした」とか思う場合はよくあるのですが、私の場合は、明確に生霊《いきりょう》だと分かってしまったこともありました。

したがって、世間《せけん》にも、そうした生霊の影響《えいきょう》を受けている人はたくさんいるのではないかと思います。おそらく、「転んで怪我をした」とか、「どこかを痛めた」とかいう場合に、そういったことはあるのではないでしょうか。

生霊には、そのように攻撃《こうげき》的なものもあります。

あるいは、自分のほうが攻撃的な生き念を発信している人の場合、それを受けている人のほうが、調子が悪くなることもあるでしょう。

そのように、自分のほうから念を発信している人というのは、他人《ひと》をコントロールしようとする傾向《けいこう》があるのではないかと思います。おそらく、ほかの人の心をコントロールして、自分の思うようにハンドリングしようとする傾向があるだろうと思うのです。

こういうタイプの人が、宗教修行《しゅぎょう》として、例えば、私の周りの宗務《しゅうむ》本部等にいると、すぐに見破られます。あるいは、執行部《しっこうぶ》あたりにいて、「総裁のところに行って、考え方を変えさせよう」などと思っていると、すぐに分かってしまいます。

しかし、ほかのところであれば、なかなか分からないので、そうしたところでは、ほかの人の気持ちを操作したりしている人はいるかもしれません。

もちろん、そうだとしても、「相手をよくしよう。善転させよう」としているのなら、よい面がある場合もあるかもしれませんが、「自分の言うことをきかせよう」とか、「自分の利益のために人を動かそう」とか、あまり、そういう念を強く出してやっているようなら、考えものだと思います。

営業系の人は「念力《ねんりき》」がそうとう強くなっている

実際のところ、ノルマ達成が必ずついて回っているような営業系の人などは、会社勤めによって、そうとう、念力《ねんりき》が強くなっていると思います。

先般《せんぱん》、幸福の科学学園理事長の渡邉和哉《わたなべかずや》さんの『志《こころざし》の経営』（ＨＳＵ出版会刊）

という本が出ていたので読みましたが、彼が野村證券投資信託販売《のむらしょうけんしんたくはんばい》（現・三菱《みつびし》ＵＦＪモルガン・スタンレー証券）という会社に勤めていたときには、一日に五百本ぐらい電話をかけなくてはいけなかったそうです。

これは悲劇的な厳しさですが、もう、電話を切ってかけ直す時間が惜《お》しいため、包帯のようなもので受話器を手に縛《しば》りつけられて、手から離《はな》れない状態にされていた人もいたといいます。

そして、ノルマが達成できなかったら、夜中の十二時までかけ続けたらしいのですが、その際には、空《あ》いている手でフックボタンを押《お》して電話を切り、また次をかけるというわけです。

おそらく、電話帳や学校の卒業名簿《めいぼ》、町内の「○○の会」の名簿等を見て、片《かた》っ端《ぱし》から順番にかけていくのでしょう。

もちろん、自分でも、夜中の十二時に、「生命保険に入りませんか」というような電話をかけているのは異常性があると感知しており、自分なりに、「こんな電話がかかってきたら嫌《いや》だろうな」と分かってはいるわけです。

それでも、「今日のノルマが達成できていない以上、夜中の十二時でもかけなくてはいけなかった」というようなことが書かれていました。

もちろん、これは、ＨＳＵ（ハッピー・サイエンス・ユニバーシティ）生に人生の厳しさを教えるために、あえて言っているのだと思います。

「その会社に入った同期は、三年間で八割も辞《や》めた」と書いてありましたが、そうだろうと思います。野村證券の営業部のほうでも、やはり、「（新入社員は）一年間で三分の一にまで減る」とは聞いていたので、おそらく、そうだろうと思うのです。

要するに、念力が強く、体力があって、タフな人間しか生き残れないのだろうと思いますが、念波《ねんぱ》はそうとう飛んでいるでしょう。

例えば、夜中の十二時に電話を取った相手が、「今、何時だと思ってるんだ!」と言って怒《おこ》るのは、もう事前に分かっているはずです。あるいは、すでに寝《ね》ている人もいるでしょう。

そのような状況《じょうきょう》で、お年寄りなどの家に、夜中の十二時ごろに電話をかけて、「投資信託の○○です。いい生命保険が……」などと言ったら、「このやろう、許さんぞ!」という感じでやられるに決まっています。

それを言わせないためには、そうとうな念力を送り込《こ》んでいるのは間違《まちが》いないでしょう。そうとうな念力がなければ、相手を黙《だま》らせることはできません。自分の用件を伝えるまでに、相手を怒らせないようにするだけでも、かなり押さえ込まなければ無理でしょう。したがって、念力がそうとう強くなっていくだろうと思います。

そのように、実際の仕事においても、そうしたことは多いでしょう。

結局、自分からは、人の心をグッとつかんだり、相手の思いを変えたりする力を出しながら、相手からの攻撃や非難は跳《は》ね飛ばす力を養っていった人が、昔の剣豪《けんごう》や武将のように、いろいろなものを跳ね飛ばせるようになっていくわけです。

そのように、会社では、〝強者〟と〝弱者〟をふるい分けるようなことをやっているのだろうと思います。

そうした力は、幸福の科学においても、政党（幸福実現党）や伝道部門等では必要なのかもしれません。

そのようなわけで、現実に、「念力戦」から「生霊戦」まで起きていることだろうと思います。

「銀行 対 中小企業《きぎょう》」等の関係でも生霊戦《いきりょう》は起きる

あるいは、「人に恨《うら》まれた場合」等も、強く追いかけてくるものはあると思います。

それは、商売上の利害関係が絡《から》むようなときにも起きるでしょう。例えば、銀行マンとして企業《きぎょう》に融資《ゆうし》をしており、「この融資を引き揚《あ》げたら、そこは潰《つぶ》れる」ということが分かっていながら、引き揚げなければいけないような場合です。

そのようなことは、近年、ドラマのなかなどでもよくありました。銀行マンとして貸し剝《は》がしをすれば、その町工場が潰れるのは分かっているものの、ノルマが上からかかっているわけです。「一カ月間でこれだけ、貸金を引き揚げろ」というノルマが自分にあったら、それは弱いところから引き揚げるしかないでしょう。

やはり、強いところを切るのはなかなか大変なので、弱いところからになります。そうなると、必ず弱い者いじめになるわけです。したがって、「もう本当に、明日《あした》にも潰れるか」というような青息吐息《あおいきといき》のところほど、簡単に切りやすいので、お金を引き揚げることになります。

ところが、そのあと、その工場をやっている中小企業の社長が保険金をかけて自殺するケースなど、いろいろなことがあるわけです。

この場合は、生霊ではなく、もう死霊《しりょう》になって取り憑《つ》くと思いますが、その前の段階では、やはり、生霊は来るだろうと思います。それこそ、貸し剝がしがたくさんあれば、銀行にも生霊は来ると思うのです。

逆に、借金をしているところは、お金を返すために、今度は、金利が二十パーセントも三十パーセントもするようなサラ金からお金を借りたりします。そして、自転車操業で、何度も借り換《か》えていたりすると、そちらからの取り立ても来るようになるわけです。

そのように、自殺に追いやられる前の状態で逃《に》げ回っているような人はたくさんいると思いますが、このようなときも、そうとう「生霊戦」にはなっているでしょう。

したがって、企業のほうが相手の生霊にやられて倒産《とうさん》し、社長が自殺などで死んでしまった場合、要は、「死霊と化して相手に取り憑き、相手に不幸を起こして復讐《ふくしゅう》する」というようなことが現実に起きるわけです。

実際、会社は、年間に一万件から二万件ぐらいは潰れているので、そうしたことは、あちこちで起きているだろうと思います。

実際の世界では、そのようなことも連動しています。もちろん、実務上の数字で、きれいに出した判定により、いろいろなことを考えることもできるでしょう。

しかし、「人間 対 人間」の間には、そうした〝念力戦〟はそうとうあるわけです。

それは、霊能者《れいのうしゃ》から見れば、「生霊として、そこに人が来ているのを感じることもある」ということです。

4　生霊《いきりょう》を跳《は》ね返す二つの方法

自《みずか》らの心を「鏡」のようにしていく

そうした生霊《いきりょう》に対する対策としては、基本的には、「鏡」のようになっていくことが大事です。鏡のように、澄《す》み切って透明《とうめい》になっていくと、相手の念や醜《みにく》い思いなどが映るので、長く憑《つ》いてはいられなくなって正体が明らかになってくるのです。あるいは、相手の念が、向こう側に跳《は》ね返っていくことがあります。そのようなことがあるわけです。

もちろん、ゲーム感覚でやれば、自分のほうも生霊となって、向こうに仕返しに飛んでいくという方法もあるのかもしれません。

しかし、これは、あまり、宗教者のやるべきことではないでしょう。やはり、なるべくなら、鏡のようになっていくことが大切です。そうすれば、向こうも憑いていられないようになると思います。

緩《ゆる》やかな善念を放射する

また、私もやっていることですが、「緩《ゆる》やかな善念を放射している」「世界の幸福や人類の幸福、そうしたものを常に緩やかに発信している」ということは大事なことだと思います。

そのように、自分の心を鏡のように磨《みが》くと同時に、一般《いっぱん》的な「善念」を出して生活していると、いろいろな街角等で悪い人間などに遭遇《そうぐう》したり、狙《ねら》われたりしても、間一髪《かんいっぱつ》のところで、何も起きずに助かるようなことも多いのではないかと思います。

そうしたことを心掛《こころが》けていただければ幸いです。

なお、生霊《いきりょう》に関しては、経験した人も多いだろうと思うので、質問も受けてみようと思います。

第2章

実戦・生霊《いきりょう》対策法

――「生霊論」Q&A

二〇一九年十月二十九日

幸福の科学 特別説法堂《せっぽうどう》にて

Q1　生霊《いきりょう》対策法①――処世の智慧《ちえ》と判断力

質問者A　身の回りに起きる病気や怪我《けが》、体調不良などが、生霊《いきりょう》の仕業《しわざ》であると見抜《みぬ》くためのポイントをお教えください。

また、生霊対策として、周りの人と力を合わせてできるものがございましたらお教えいただければ幸いです。

攻撃念波《こうげきねんぱ》への対処法――「自己客観視」

大川隆法　もちろん、霊能《れいのう》の世界に入っていれば、そういうことは明確にやりやすくはあります。

ただ、客観的に、そういうような境涯《きょうがい》になくて、それほどはっきりはできないという人も多いだろうと思うのです。

やはり、生霊絡《がら》みについて感じるのは、生霊を発射《はっしゃ》している側のほうは、基本的に、「しつこいタイプ」の人が多いということです。

しつこい、くどい、あるいは、「世間《せけん》が悪い」「環境《かんきょう》が悪い」「他人《ひと》が悪い」という、いわゆる天動説《てんどうせつ》型であり、自分のことを棚《たな》に上げて省《かえり》みず、ほかに責任を求めて、全部、ほかの人のほう、世間の側に持っていくタイプの人が、攻撃《こうげき》的な感じの念を相手に発信している場合がよくあります。

こういう、「すぐ、ほかの人のせいにする人、環境のせいにする人」の場合、反省もなかなかできないので、難しいものです。

それを受けて返す側のほうは、斬《き》り込《こ》んでこられる、あるいは、矢を打ち込んでこられる感じになります。矢を受けるには盾《たて》が要《い》りますし、斬り込んでくるものに対しては、まず〝一《いち》の太刀《たち》〟を自分の剣《けん》で受け止めなければいけません。

霊界《れいかい》との同通の話では「波長同通《はちょうどうつう》の法則」というものがありますが、生霊との関係でも、多少似たようなものはあります。

生霊の側としては、人を恨《うら》んでいたり、会社の方針を恨んでいたり、経済の状況《じょうきょう》を恨んでいたり、外国の何かを恨んでいたり、いろいろあるでしょうし、それは、ある程度、当たっている場合もあるのだろうとは思うのです。

しかし、こちらもカッとなって、喧嘩《けんか》を買うかたちで一緒《いっしょ》になってやっていたら、収まりがつかなくなってしまうでしょう。

ですから、自分を攻撃している念波《ねんぱ》を感知したなら、まずは、「客観的な自己というのを見つめる訓練」をしてみてください。客観的に、「自分に責められるべき要素があるかどうか」を考えてみるのです。

もし、客観的に責められるべき要素があるならば、一部、反省したり、何らかの行為《こうい》が足りないためにそれが起きているなら、何かをしたりしなければいけない場合もあります。

個人的な「お金の貸し借り」で逆恨《さかうら》みを避《さ》ける智慧《ちえ》

ただ、えてして、他人のせいにするタイプの人の場合は、「こうしろ、ああしろ」と言っていることが、〝自分の甘《あま》え〟であることは多いのです。そのため、こちらが譲歩《じょうほ》して、それを全部聞いてやっていても、最後は、聞いてやれないところまで必ず来ます。

ところが、そこまで来て断ると、今度は、さらに「逆恨《さかうら》み」をするケースもあるのです。

そういう人に対しては、最初から、あまり安請《やすう》け合いしたり、扉《とびら》を開きすぎたり、すぐに助太刀《すけだち》をするというか、手助けしたりするのではなく、少し智慧《ちえ》を持って判断しなければいけなくなると思います。

例えば、「お金を貸してくれと言われても、そのまま貸したらよくないことが多い」とよく言われています。

私も、若いころに、恩師から、「友人にはお金を貸すな。お金を貸したら、お金も返ってこないし、友情もなくしてしまう。友人をなくすことになるから、親しい人や友人にはお金を貸すな」といったことを言われたのを覚えています。

これを言われてから四十五年ぐらいはたっていますが、妙《みょう》に耳にこびりついていて、今でも覚えているのです。

その先生は世界史の先生でしたが、「友人がお金を借りに来たときは、貸したお金はもう返らないと思え」と言っていました。

例えば、「百万円を貸してくれ」と言われて、百万円を貸したら、まず返ってこないということです。それが返せるぐらいなら、銀行で借りてくるはずです。

銀行その他で借りられない、あるいは、親族等のところに行っても貸してくれない百万円を友達に借りに来ているわけなので、たいていの場合、踏《ふ》み倒《たお》されることになります。そして、「友情も一緒になくすだろう」というようなことを言っていました。

また、「お金を貸してくれと言われて、『どうしても、まったくは断れない。断れば、あまりに冷たすぎて、その後、人間関係を持てないな』と思ったら、向こうが言ってきた額の十分の一を貸しなさい」とも言っていました。

「百万円を貸してくれと言ってきたら、その十分の一である十万円は貸してあげたらよい。その代わり、それは、もう返さなくていいという気持ちで貸しなさい。返ってこないと思って、もう忘れなさい。これは友人の災難なのだろうからと思って、十分の一を出して、あとは忘れなさい」といったことを教わったのを覚えています。

後《のち》に、もう少し大人になってから読んだもののなかでは、幸田露伴《こうだろはん》や本多静六《ほんだせいろく》なども似たようなことを言っていました。

確かに、正当に借金をしたければ、銀行に頼《たの》めばよいでしょう。担保《たんぽ》があったり、成功の可能性があったりすれば、銀行はお金を貸してくれるものです。

そういうところで借りずに、友人などのところを回るということは、だいたい、返せないお金であるからです。サラ金に行くよりはましかというぐらいか、あるいは、サラ金にも断られたレベルかもしれないので、返ってはこないでしょう。

そういったことを言われて、「そんなものなのかな」と思っていました。

その後、お金を貸したことがあったかどうかも、自分では忘れてしまいましたが、その先生は、「貸したら忘れなさい」とも言っていたのです。

「他人に貸したものやあげたもののことは、早く忘れたほうがよく、他人から借りたものやもらったものについては、忘れないで覚えておくほうがよい」というのは、人生の一つの成功法則なのです。

「責任感があって、義理堅《がた》く、他人から受けた恩は忘れてはいけない。しかし、他人に施《ほどこ》した恩は、すぐ忘れなさい。『あっ、そうだったっけ?』というぐらいの感じがよろしい」というのはありました。

このあたりの生きていく術《すべ》を知らないと、難しいところはあるだろうと思います。

事業における資金調達の智慧《ちえ》

私も、経営論としては「無借金経営」なども説いていますが、現実には、それほど簡単にできることではないのです。実際は、借金しないとできないことが多いとは思います。

今は、銀行金利が一、二パーセントぐらいにまで落ちてきていると思うので、確かに、新規事業で成功性の高いものなら、お金を借りてやっても成功するはずです。それでもなかなか借りないということは、未来の見通しが明るくないからだろうとは思います。

銀行からお金を借りたら、利子を払《はら》わなければいけないけれども、ここで勘違《かんちが》いしてはいけないこととしては、「利息だけ払えば、借り続けていられる」と思うことです。それが誤りであることは、いちおうは知っておいてください。

最初の契約《けいやく》のときには、一年とか三年とかの契約でお金を借りると思うのですが、長期になるほど金利は高くなります。一年なら一・数パーセントぐらいで借りられるとしても、三年とか五年とかになれば、三パーセントとか五パーセントとかいうように上がっていく可能性があります。

このとき、「商売をやってあがる利益で、この利息を払い続ければ、お金を借り続けられる」と思う人がいるのです。

起業する場合でも、脱《だつ》サラでやる人が多いと思いますが、会社などであれば、特別な不況の場合を別にして、そういう、「借り換《か》え」「ロールオーバー」、すなわち、「一年で借り換えていく」「三年で借り換えていく」といったことが普通《ふつう》にできているところが多いでしょう。

ただ、個人でやっているのに近いような仕事の場合、「向こう（銀行）が切ろうとしたら、担当者を替《か》えたりすれば切れる」のです。

例えば、「一年になりましたので、転勤になりました」というように、担当者がどこかへ行ってしまったら、次の人には義理がないので、「これは返していただきます」と言われるわけです。

一・二パーセントの金利を払えば、借り続けられると思ったのに、「全額、返せ」と言われたら、突如《とつじょ》、「困った。一億円借りてしまった。借りた一億円を返せと言われたら、今、入っているマンションを売らなければいけなくなる。困ったな」というようなことになります。さらに、「それを売ろうと思ったら、今度は売れなくなっている」といったことが起きるわけです。

ですから、もちろん、金利分を払うことも考えておかなければいけませんが、借りている元本《がんぽん》を返せと言われる場合があることは、いちおう、リスクとしては見込んでおかないといけないということです。

ですから、経営コンサルタントの人のなかにも、「今は金利が安いのだから、どんどん借金をしなければバカだ」と言う人がいますが、「どうか、元本のところはお忘れなく」ということです。「元本は返さなくてもよい。金利の部分だけでよい」というのなら、利益を出すことは可能かと思いますし、初めてお店を開くときなどには、借金でもしなければできないことのほうが多いので、すべては反対しません。ですが、「元本を返せと言われることも計算してください」ということです。

例えば、「利子だけでなく、元本も、三回に分割《ぶんかつ》してでもいいから返せ」などと言われることはあります。そのときにどうするかというところまで、いちおうは考えておかなくてはいけません。

また、自分が「一億円借りたい」と言っても、向こうが、「いや、どう見ても、おたくの規模から言って三千万円以上は貸せません」と言う場合は、相手が言っていることのほうが正しいことが多いので、自分が欲をかいていないかどうか、よく考えて判断したらよいでしょう。

実は、この世的な「判断力」が、生霊《いきりょう》対策には大事

そのように、人との関係での貸し借りや、その損得関係で生霊《いきりょう》が発生しやすいのでしょうが、多少、合理的に考えてやったほうがよく、一つには、やはり、この世的な意味においても、「判断力」が大事だと思うのです。「これは、そう言わ

れても当然だな」と思うか、「そう言われるのはおかしい」と思うか、あるいは、「これはこのくらいで見切るべきだな」と思うかどうかです。

例えば、恋愛《れんあい》関係においてストーカーのようになってくると、だいたい生霊化してくるのは確実ですから、相手のほうは、生霊に取り憑《つ》かれているような感じになり、恐怖《きょうふ》が増してくると思います。

このあたりに関しては、「この恋愛に生き筋《すじ》があるかどうか」ということを見て、「これには生き筋はないな」と、どこかで判断したら、やはり、その矛《ほこ》を収めることも大事でしょう。こういった考え方があります。

ですから、霊能力があれば、霊的な戦い方もありますけれども、「この世的に見て、攻《せ》めどきか引きどきか」といった判断のとき、あるいは決断のときというものがあるので、それをしっかりとしてください。

仏教的な「諸行無常《しょぎょうむじょう》の教え」に帰ることも必要

攻撃的な場合も自虐《じぎゃく》的な場合も、だいたいにおいて、やや引き延ばしすぎる傾《けい》向《こう》、長い時間、引っ張りすぎる傾向があるように思います。

こういう考え方に対しては、幸福の科学で仏教的な教えとして説かれている諸《しょ》行《ぎょう》無《む》常《じょう》の教えのように、「世の中というのは、いろいろ変転していくのが当然なのだ」と考えることです。

それから、好きな人が離《はな》れていくこともあれば、嫌《きら》いな人が近づいてくることもあるように、人間関係も変わっていきます。これを受け止めなければいけません。「この関係のまま、永遠に一緒にやりたい」と思っても、そうはいかないときが来ることはあります。そのときには、「釈尊《しゃくそん》の教えに帰ったほうがよい」ということです。

街を散歩しながらお店などを見ていても、一年間のうちに、同じ場所で、何店《てん》舗《ぽ》ものお店が潰《つぶ》れていきます。やはり、「自分のところだけは大丈夫《だいじょうぶ》だ」と思っていても、そうはいかないことがよくあるということでしょう。そういうことは、客観的に知っておいたほうがよいと思います。

また、異性においても、今は、地球上に三十八億人ぐらいはいるのでしょうが、三十八億人全員に好かれて、「結婚《けっこん》してください」などと言われても、それは不可能な話です。

もちろん、宗教上は別です。宗教上は、みな、「主を信じます」「愛します」と言って信者になっていますが、この場合は、別に一向に困りません。

ただ、そういう意味ではなく、男女関係などにおいて、恋愛関係や夫婦《ふうふ》関係になってほしいと三十八億人に言われたら、それは、とてもではないけれども重いです。

ですから、やはり、適当な人間関係をつくりながら、そのなかから選んでいくという判断は大事だということです。

「人《にん》・時《じ》・所《しょ》」を見た的確な判断とは

人《にん》・時《じ》・所《しょ》、つまり、相手を見て、時を見て、それから場所を見て、「このあたりで判断しなければいけないな」ということを的確に判断できる人は、生霊問題まで引っ掛《か》からずに済むことが多いでしょう。

しかし、例えば、「この人は、判断するのに一年ぐらいかかる人だ」「半年ぐらいかかる人だ」「即断《そくだん》できる人だ」といったところで、相手の人を見誤ってしまうこともあるかもしれません。あるいは、「即断しても、それに信用が置ける人か、置けない人か」「場合的に見て、そうなのかどうか」といったこともあるかもしれません。

そのように、人・時・所、ＴＰＯを見て、判断すべきときを知ることが大事です。

また、その場合、ポジティブに、要するに、よいほうに判断が決まる場合もあれば、ネガティブなかたちでの判断をしなければいけないことも、たくさんあると思います。

そういうときは、やはり、サラサラと行くことが、とても大事になります。遠方の友達から近所の身内まで合わせて、一定の判断を下したら、サラサラと行くことも大事なのです。

Q2　生霊《いきりょう》対策法②――生霊になって転落しないための修行法《しゅぎょうほう》

質問者B　先ほどお説きいただきました、生霊《いきりょう》になりやすいタイプ、しつこい、くどい、天動説《てんどうせつ》型で「他人《ひと》のせい」「環境《かんきょう》のせい」にするといったタイプの方が生霊にならないようにするためのポイントをお教えください。

また、宗教修行《しゅぎょう》を通じて、そういった人の生霊を退散《たいさん》させる霊的《れいてき》な力を身につける方法等がありましたら、お教えいただければと思います。

「自己実現欲」と「自己中心主義」の違《ちが》いを見分けよ

大川隆法　宗教に関心や興味を持ち、その渦中《かちゅう》にある人であっても、例えば、自己実現が好きな人というのは、わりあいいるものです。自分が拡大していき、もっと大きな仕事ができて、人の上に立ち、大勢の人が自分を崇《あが》め奉《たてまつ》ってくれるような状態が好きな人は、わりにいると思います。特に、能力の高い人などには多いのではないでしょうか。

そうした「自己実現欲」と「自己中心主義」の違《ちが》いを分けるのは、とても難しいことなのです。

自分の発展欲や成長欲自体は、プラスに働くこともあるので、そのすべてを否定はできないのですが、これが、どこから自己中心主義になるのか、別な意味で言えば、「ほかの人に対して害をなしているか、迷惑《めいわく》になっているか」ということを、客観的に冷めた目で見るのは、とても難しいことです。

それには、経験をし、失敗を重ねることで、一つひとつ賢《かしこ》くなっていくことが大事だと思います。

人間関係での挫折《ざせつ》や失敗はいろいろあるでしょう。それを、「自分には一度も間違いがない」「失敗がない」などと言い張るのは結構だけれども、そんな人は世の中にはいません。失敗は必ずあるのです。

ただ、「そこから何を学び取るか」ということが大事なのであり、何かを学び取って、次は「もう少し小さな失敗」にとどめられるように、自分で考え方を持っておくことが大事なのです。

「光明《こうみょう》思想」系統の成功論を読む際の注意点

それから、自己成長欲、自己実現欲を持っている人が書いた本は私も好きで、若いころからずいぶん読みましたが、そういう人の気になる点としては、ほとんどの場合、「動機のレベルで話が止まっていることが多い」ということです。ここを見抜《みぬ》かなければ駄目《だめ》なのです。

動機レベルで光明《こうみょう》思想的な成功論を書いている人には、いわゆるセールスマン出身の人がわりに多くいます。セールスマンで、「売上が日本一になった」「世界一になった」「収入が十倍になった」など、短期間で成功したようなことで本を書いている人が多いのですが、そのほとんどが動機づけ、モチベーションのレベルのものであり、「ニンジンをぶら下げたら頑張《がんば》れるよ」といった感じの成功論を書いていることが多いのです。

若いうちは、それでもわりあいモチベーションになったり、「自分もやってみようかな」などと思ったりすることもあるのですが、組織を預《あず》かる立場になってくると、それでは済まなくなってきます。自分が組織を預かり、他人の人生を預かる立場になってくると、思いつきでガスに火をつけてロケットを飛ばすような感じにはいかないことが数多くなり、いろいろな角度から検討して、「進む」「止まる」「退却《たいきゃく》する」「方向を変える」といった判断も必要になってくることがあるわけです。

ですから、多少は、そういうもので影響《えいきょう》を受けることはあるでしょうし、単なる動機レベルでやっているものは、若い人向けや、少年少女向けとしては、役に立つこともあるとは思います。しかし、組織を持ち、大勢の人の生活や、家族を持っている人たちの未来に責任が出てきたら、「慎重《しんちょう》でなければいけないところ」と、「波が高いときや低いときに、それぞれどのように乗り切っていくかを考えなければいけないところ」の両方が要《い》ります。そのため、「どの程度の責任を持っている人が、そういう教えを説いているか」ということは、知らなければいけないでしょう。

「悪い面を見なければよい」という安易な光明《こうみょう》思想の限界点

特に、若くてやる気がある人は、とにかく、「行け行けゴーゴー」であることが多いでしょうが、そういう場合には、失敗もありますし、非難も出てくると思います。

それに対して、その手の安易な光明《こうみょう》思想的な考え方が書いてある自己啓発《けいはつ》書には、要するに、「悪い面など見なければよいのだ」というようなことが、よく書いてあります。「悪いことは見ずに、いいところだけを見ればよいのだ」ということが書いてあるのですが、確かに、成功したところだけを見て、自分に自己暗示をかけることで、「私は、また成功したのだ」と言うことはできるでしょう。

しかし、客観的に言えば、例えば、不動産業界は、「千三《せんみ》つ」といいます。「話が千件あっても、実際に契約《けいやく》が結べるのは三つぐらい」ということです。これは、確率論的に出てくるものなのです。

買い手もみな欲はあるので、できるだけ安くてよい物件を手に入れたいと思っているでしょうが、不動産屋のほうは、できるだけ高く売りたいわけです。なかには、悪い物件でもよい物件のように言いくるめて高く売りたいという気持ちでやっている人もいるかもしれませんが、「千三つ業界」ともいわれているように、どのように光明思想を持ったとしても難しいところはあるでしょう。

自分自身の「成功率」「勝ち率」を客観視せよ

以前、女優・北川景子《きたがわけいこ》主演の「家売るオンナ」というテレビドラマ（二〇一六年放送、日本テレビ系）を放送していましたが、そのなかで「私に売れない家はありません！」などと言っていました。

これには、さぞ、不動産業界の人も迷惑しているのではないでしょうか。話としては面白《おもしろ》いのですけれども、不動産屋で、千件やって千件売りつけるなど、ありえない話です。

それは、株屋であれば、「私が預かった株は百発百中です。今まで、私が勧《すす》めた株で損をした人は一人もいません」と言っているようなものかもしれませんが、まず嘘《うそ》と決まっているでしょう。こういう人は絶対に〝嘘つき〟です。あるいは、まだ二、三人にしか勧めたことがなく、その二、三人が儲《もう》かったという程度の話で止まっているのだと思います。

実際には、その仕事を十年もしていれば、そういうことは絶対にありえません。景気変動など、いろいろなことがありますので、絶対に損は出てきます。損した客に追いかけ回られているでしょうから、それは絶対に嘘なのです。

それでも、口で言うだけならばできます。成功した話ばかりをして、失敗した話は言わずにおけば、その人が常勝《じょうしょう》しているように見えるところもあるでしょう。ただ、嘘はあるわけです。

先ほどのテレビドラマのようなものでも、「私に売れない家はない!」と言っていましたが、あるいは、美人なら売れるなどと〝洗脳〟することは可能なのかもしれません。それでも、実際は、「不動産仲介《ちゅうかい》業者が美人だから買う」ということはないでしょう。予算には限界がありますし、「会社へ通うのに便利か便利でないか」「子供と一緒《いっしょ》に暮らすのにこの間取《まど》りでよいかどうか」あるいは、「菜園をつくれるか」「犬を飼えるか」など、いろいろな条件があるので、やはり、無理なものは無理だろうと思うのです。

ほかにも、「騒音《そうおん》に耐《た》えられるか」といったこともあるでしょう。いい部屋だとは思ったものの、隣《となり》に音大生が住んでいてガンガンに練習をしているようなところであれば、受験生の子供がいる家族などはとても耐えられないでしょうから、残念ながら、そこにいられるわけがありません。

そうした条件をすべて潰《つぶ》していくと、やはり、この成功確率はだんだんに減っていきます。

また、とにかく安ければよいということで、「事故物件」でもよいのであれば、自殺した人がいたところなどが安く出ています。「あの世など信じていないので、別にそれでも構わない」という人もいるかもしれませんが、誰《だれ》も借りずに安くなっていく物件というのは、やはり、何らかの現象が起きて怖《こわ》い目に遭《あ》った人が多いということでしょうから、いずれ何かの反作用を受けることもありえます。もし、反作用が出た場合には、当事者はもはや失踪《しっそう》していなかったりするかもしれませんが、それは自業自得《じごうじとく》でしょう。

いずれにせよ、とても簡単な仕事であれば、「百発百中です」ということもあるかもしれませんが、難しい仕事になっていけば、そういうことはありえないのです。

また、大勢の人を使って組織的に行う仕事になると、よほど練りに練ったプロジェクト等をつくったとしても、相手もまたコンペにかけたりすることがあります。例えば、建築をするに当たっては、ライバル社にも何件か同じようなオファーを出し、そのなかでいちばんよい条件のものに決めるということもあるでしょう。

このように、自分の思うとおりにはいかないようになっているわけです。そういう意味で、世の中は、必ず「客観的な自己」というものを知らされるようになっています。世の中の「平均打率」「平均成功率」、あるいは、「平均失敗率」、さらには、「失敗してからカムバックするために、リカバーできる可能性はどのくらいあるのか」などを知っていくことが、やはり、賢くなるということでしょうし、そういったことを数多く知っていれば、今度は人を教えることもできるようになるわけです。

「人生相談」などは、たいてい、そうしたものの山なので、数多く知っていなければいけないでしょう。自分自身の「勝ち率」が分からないようであるならば、人を教えることも、それほど簡単なことではありません。その意味での謙虚《けんきょ》さは持っておいたほうがよいと思います。

「私はプロじゃない」と語る、女優・吉永小百合《よしながさゆり》の謙虚《けんきょ》さ

世の中で成功している人を見ると、だんだん謙虚《けんきょ》になっていかざるをえないようなところがけっこうあります。

傲慢《ごうまん》なことを言える人というのは、失敗の数がまだ少ないのかもしれませんが、「失敗の数が少ない」ということは、「経験量が足りない」ということでもあるわけです。

たまたま、早いうちに〝うまい汁《しる》〟を吸ってしまった場合は、それを忘れられないところがあるでしょうし、早くに成功したら「自分には才能がある」と信じてしまうものですが、これには怖いところもあるということは知っておいたほうがよいでしょう。あまりに早い成功には、ある意味での「怖さ」があるのです。

先日、ＮＨＫの「プロフェッショナル 仕事の流儀《りゅうぎ》」（二〇一九年十月二十六日放送「吉永小百合《よしながさゆり》スペシャル」）で、吉永小百合さんが密着取材を初めて許可し、十カ月ほどに及《およ》ぶ撮影《さつえい》をした番組があり、「素顔《すがお》の吉永小百合はどのような人か」ということを紹介《しょうかい》していました。吉永小百合さんは、芸能界で六十年ほど仕事をなされた方で、その取材のときは七十四歳《さい》でした。七十四、五歳であれば、亡《な》くなった樹木希林《ききききりん》さんにも近い年齢《ねんれい》です。

樹木希林さんも、亡くなる前にそういうドキュメンタリーの撮影を許可していました。おそらく、最後だと思って撮《と》られたのでしょう。

ですから、吉永小百合さんも、もう最期《さいご》が近いと思って撮影を許可したのではないかと思います。個人のプライベートなところまですべて撮られたり、仕事をする前やあとの状況《じょうきょう》などを撮影されたりするのは、集中型の人にとっては本当は嫌《いや》なことでしょうから、たいていは断るところですが、このときは受け入れたわけです。

その番組のなかで、吉永さんは七十四歳にして、「私はプロじゃない。もう素人《しろうと》ですから」というような言い方をしていました。六十年間、映画女優として主演ばかりしていた人が、「私はプロじゃない」と言っているのです。

これは嘘で言っているのではないかとも思えますが、同じ番組で山田洋次監督《やまだようじかんとく》にインタビューをしたら、「吉永さんは、『プロだ』なんて言われるのをいちばん嫌がるかもしれません」というようなことを言っていたので、やはり、本当のことなのでしょう。

吉永小百合さんは、私の住まいにわりと近いところにいるのか、家内が二回ほど目撃《もくげき》していて、私も一回見かけたことがありますが、いつも一人で歩いていたように思います。

一回目は、広尾《ひろお》の洋服屋で服を見て回り、買わずに出ていくところを、家内が目撃しています。二回目は、夫婦《ふうふ》で品川《しながわ》に映画を観《み》に行ったときです。秘書の一人とそこの近くのフードコートに入り、私たち夫婦が腹ごしらえにうどんか何かを食べていたときに、「あれは吉永小百合さんではないか？」と気がつきました。彼女がトレイを下げているところを目撃したのですが、本当にごく普通《ふつう》の人のようにに動いていらっしゃいました。

おそらく、撮影のときは精力を込《こ》めているのだと思いますが、普段は、「自分は普通の人だ」と思うようにしているのでしょう。やはり、「『プロだ』などと思ったりして出来上がってしまったら、もうそれで最後だと思う」というようなことを言っていたので、「ああ、やはりそういうふうに思うのか」と感じました。

そういう気持ちは、何となく分かる気がします。「自分は〝大女優〟だ」などと言って出来上がってしまい、怒《おこ》ったり、怒鳴《どな》ったり、周りの人にきつく当たったりばかりするようになると、みな、だんだん寄りつかなくなり、次第《しだい》に仕事もなくなっていくでしょう。
やはり、そのあたりの心構えは大事なのではないでしょうか。

若い人に多い「少しの成功で〝天狗《てんぐ》〟になる傾向《けいこう》」

長く活躍《かつやく》している人はみな、同じようなことを淡々《たんたん》と続けていく傾向《けいこう》があるように見えますが、それとは逆の人もいて、何かで一つか二つ成功すると、すぐに出来上がってしまう人がいます。こういうのは〝天狗《てんぐ》さん〟といわれるパターンです。

このような人は、若い人のなかにわりあい多いのです。長い人生を生きていると、「そうはならないことが多い」ということを知りますが、〝天狗さん〟は、少し成功するとうれしくなって、それを自慢してみたくなり、自己像がどんどん大きくなっていくわけです。

ただ、当たるときもありますが、外れるときもあります。

歌手にしても、ミリオンヒットを飛ばし、紅白歌合戦に出られるときが来ることもあるかもしれませんが、それも、一回きりだったり、あるいは、二、三回出たら「終わり」になり、その後は場末《ばすえ》を回って、小さなところで一曲幾《いく》らで歌わなければならなくなるかもしれません。その上がり下がりに耐えるというのは、そう簡単なことではないでしょう。

第1章でも触《ふ》れた渡邉和哉《わたなべかずや》・幸福の科学学園理事長の『志《こころざし》の経営』（前掲《ぜんけい》）のなかには、「『意志の力』などではなく、『習慣の力』で戦わないと、とてもやっていられない」という感じで私が語っているところを引用していました。周りの人からは、私は意志の力がすごく強く見えるようなので、そんなことを言うと怪訝《けげん》な顔をするかもしれません。

●私が語っているところ……　『人格力』（幸福の科学出版刊）参照。

確かに、私も、講演会のときなどには、強い念力《ねんりき》を出していますし、大勢の人にガーンッと光を送り込もうとしているので、意志が非常に強いように見えるとは思うのですが、普段はそういうわけではなく、しぼんだ風船のようになっています。そのなかで、「どのようにして、プラスの結果を続けていくための組み立てをするか」という習慣をつくっていかないと、やはり、続いていかないのです。そのあたりが大事ではないかと思います。

近くにいる弟子《でし》たちや身内も含《ふく》め、ちょっと成功したらすぐ天狗になって、「自分は才能がある」とか「天才だ」とか言ったりしている人を見ると、私も何だか悲しくなることがあります。「天才かどうかなんて、死んでから言え」と言いたくなるようなところがあるわけです。たとえ、五十年間、成功していたとしても、最後の十年間に目茶苦茶《めちゃくちゃ》な失敗をしたら、もはや天才とも何とも言われないのです。

経営者の栄枯盛衰《えいこせいすい》 ── 西武《せいぶ》グループ・堤《つつみ》兄弟、そごう・水島廣雄《みずしまひろお》

経営者もそうでしょう。一代で大きな会社をつくったような人であっても、六十五歳あたりを過ぎてから、いろいろなスキャンダルを起こしたり、赤字経営になって急速に会社が潰《つぶ》れ、検察に逮捕《たいほ》されたりするようなこともあります。「晩節を汚《けが》す」という言葉があるように、何十年間も成功してきたとしても、最後が甘《あま》くなったためにそのようなことになってしまったら、どうしようもありません。

たとえ、「経営の神様」などと持ち上げられていた人であっても、あっという間に拘置所《こうちしょ》暮らしになることもあるでしょう。そんな人は数多くいます。

途中《とちゅう》までは神様のような扱《あつか》いだった人の例を挙げるならば、堤《つつみ》兄弟などはそうだったかもしれません。

「西武《せいぶ》鉄道」系の堤義明《よしあき》氏は、かつては天皇のような感じでした。冬季オリン

ピックを長野に誘致《ゆうち》したころなどは、新幹線を停《と》めたり、山肌《やまはだ》を削《けず》ってスキー場をつくり、ゴンドラを付けたり、駅の横にはプリンスホテルが建っているなど、ほぼ天皇のようでしたし、「次の総理は誰がなるか」といったことまで言っていると噂《うわさ》された時期もあります。

「安《あん》・竹《ちく》・宮《みや》」とも呼ばれた安倍晋太郎《あべしんたろう》氏、竹下登《たけしたのぼる》氏、宮澤喜一《みやざわきいち》氏あたりが有力候補のときに、「次は誰が総理か。赤坂プリンスホテルを賭《か》けてもいい」などと堤氏が話したとされる記事が新聞の一面に載《の》ったことを覚えています。

ホテルを中心とした一介の経営者としては、やや分《ぶん》が過ぎていたかもしれません。「政界のパトロンなのかもしれないけれども、若干《じゃっかん》、過ぎているかな」と思っていたのですが、後《のち》に、手錠《てじょう》をかけられた堤氏が、東京プリンスホテル前で護送車に入れられて運ばれる映像が流れました。

また、堤義明氏がライバル視していた異母兄弟の堤清二《せいじ》氏は、「セゾングループ」のほうの経営者です。こちらも、一代の経営的なカリスマですけれども、あれほどのグループをつくったにもかかわらず、やはり、最後は傾《かたむ》いていって、手放さなければいけなくなりました。

さらに、一回潰れてから立て直したものの、最近、消費税不況でまた店じまいに入りつつある、そごうの〝中興《ちゅうこう》の祖〟である水島廣雄《みずしまひろお》氏という人がいます。この人は、中央大学出身で法学博士号を取った方です。

かつては、駅前の一等地を買って大きいデパートを建てると、必ず地価が値上がりするような時期がありました。そうすると、担保《たんぽ》価値が何倍にも上がるので、「その担保価値が上がったところを担保にして金を借り、次の一等地にポンッと店を出す。すると、そこもまた担保価値が上がり、それを担保にして次を借りることができる」という感じで、大きな店を駅前にガンガン出すというようなことができます。そういったことが可能となるような法律制度について書いて、水島氏は博士号を取りました。

しかし、こういう理論を唱えると、その理論に縛《しば》られてしまうのでしょう。それが、一九九〇年代のバブル崩壊《ほうかい》で、土地価格が暴落するような経験をしたら、あっという間に潰れていきました。

そのように、大きな波の流れには、誰も抵抗《ていこう》できないところがあります。

何十年も成功をしていれば天狗になるのは普通かもしれませんが、「それでも最後はまだ分からないぞ」という気持ちを持っていたほうがよいでしょう。吉永小百合さんのように、六十年も活動していても、「私は素人だ」と言えるぐらいであれば、それほど大きな失敗はせずに済むのではないかと思います。そういう気持ちが大事ではないでしょうか。

「人のふり見て、わがふり直せ」は、なぜ永遠の真実か

とにかく、生霊のコントロールができないような人は、簡単に出来上がりやすいタイプであることは、ほぼ確実でしょう。そういった意味では、「人生の長さ、厳しさ」というものを、どこかで学ばなければならないところがあると思います。

もし、事前にそれを知りたければ、「自分だけは違う」などという特別意識を持つのはやめて、「自分は神様だ」「高級霊だ」「過去世《かこぜ》から名前がある人間だ」といった考えはしばらくおいておくべきです。

そして、新聞を賑《にぎ》わしているさまざまな犯罪や社会問題を起こしている人が、どのようであるかを見てください。週刊誌等であれこれと追及《ついきゅう》されて、大臣を辞《や》めさせられたりする人もいるし、企業《きぎょう》の経営者や歌手、タレント等が追及されたりすることも数多くあります。

それらは「他山《たざん》の石」なのです。実は、そういった話は毎日のように出ているわけですが、自分のことと結びつけて考えず、「自分は別だ」と思っているので気づかないのです。

「そういうときが、自分にも来ることはある」と知って見ていれば、心の準備もできるのですが、あまりに心が高ぶって、鼻が天狗のようになっていると、「そいつはバカだからそうなったのであって、自分はそうならない」というように他人事《ひとごと》だと思ってしまうのです。しかし、そんなことはないのです。

やはり、「人のふり見て、わがふり直せ」というのは、永遠の真実です。

初めてのことなど起きやしないのです。同工異曲《どうこういきょく》であって、多少は違うとしても、似たようなことなどいくらでもあります。

ささやかなことで、人は失敗するのです。「自分だってありえるかもしれない」と考え、日ごろからよく見ておくことが大事なのではないかと思います。そのためには、やはり、「謙虚であること」「日々、自《みずか》らを振《ふ》り返ること」が大事です。

「自分は未熟である」と思い、成功のときこそ身を引き締《し》めよ

どう見てもナンバーワン女優のような方が、七十四歳になっても、「まだ素人だ」「出来上がったら終わりだ」などと言うのを聞いたのであれば、もっと若い二十代から三十代の人は、「その人の問題」ではなく、「自分の問題」として、「ああ、自分は危ないぞ」と思ったほうがよいでしょう。私自身もそのように思っています。

年齢が上がれば上がるほど、「何もなく過ごせる」ということは本当にまれに見る僥倖《ぎょうこう》であって、実際は、自分に関係のないことでもって足をすくわれるようなことが数多く起きてくるのです。

例えば、事業の規模が大きくなると、自分に関係のない人が何か事を起こした

ときに、「それをどうして止められなかったのか」「見破れなかったのか」などと責められて、社会的に糾弾《きゅうだん》されるようなこともたくさんあるでしょう。

したがって、ほとんどの人は自分自身の行《おこな》っていることに夢中になるのですが、それ以外のところに対して〝ソナー〟を発信し、キャッチできるかどうかということについても、能力が試《ため》されていると知っておいたほうがよいと思います。

よろず、「自分のしたことは未熟である」と思い、謙虚な気持ちを持ち続け、改善の余地がないかどうかを考えて、他人からほめられたのであれば、余計に「これは危ないぞ」と思って引き締《し》めることです。

成功したら、「これは、運がよかったのかもしれないし、誰かのおかげかもしれない」と思い、「続くものではないぞ」と身を引き締めることが大事ではないでしょうか。

こうしたことは、テレビを観ていても分かることです。「流行《はや》っているかと思ったら、パッと消える人」は、いくらでもいるでしょう。そのように、世間《せけん》にはたくさんあることでも、それを自分のことだと思わない人は、愚《おろ》かであるとしか言いようがありません。そのあたりのことについては、自分の不足を知るべきだと思います。

もし、受験において、過去に一万人規模の模試で一位を取ったことのある人がいたとしても、何をしても一万分の一になるような賢い頭というのはないのです。そのときの問題では、たまたまそうだったかもしれませんが、では、その人にまったく別のことをさせた場合、例えば、不動産を売らせてみたらどうでしょうか。「一万人に一人の頭脳」を持った人であれば、「千三つ」ともいわれる不動産販売《はんばい》が「千に九百九十」も売れるようになるかといえば、それは絶対にありえないことです。ありえないどころか、実際に一軒《けん》も売れないということもあると思います。

なぜならば、そういう人であっても、お客様の気持ちやニーズが分からなかったり、高飛車《たかびしゃ》にものを言ったり、謙虚でなかったり、自分の計算、利害しか考えていなかったりすると、それが相手に分かってしまい、お客様のほうは、「この人はサービスが悪いな。感じが悪いな」と思って逃《に》げていくことがあるからです。

要するに、腰《こし》が低くない人は駄目ですし、相手の立場を考えられない人も駄目なのです。むしろ、自分が偉《えら》くなればなるほど他人の気持ちが分からなくなるので、本当に心して〝階段から降り〟、相手の立場に立たなければいけないと知ったほうがよいでしょう。

生霊の発生原因のなかにも、そうした自己像の投影《とうえい》というものがあるので、謙虚であり続けることの大切さを知るべきだと思います。

大勢の人と仕事をしながら成功するために必要なこと

実は、私もまだまだ油断をしてはいないのです。幸福の科学を立宗《りっしゅう》してからの三十三年間が成功したからといって、私の活動期間が五十年間だとしても、残りの十七年間にどんな失敗が待ち受けているかは分かりません。もし、これから失敗が出てくる場合には、大きい失敗になるのではないかと思います。昔であれば見逃《みのが》してもらえたことでも、見逃してもらえなくなるかもしれません。ですから、そういうことを知っていなければならないのです。

自分としては、講演に一生懸命《いっしょうけんめい》だったり、本を出すのに一生懸命だったりしたとしても、自分の見ていないところで、いろいろな人が行っていることのなかに「危ない兆候《ちょうこう》」が出てきたときに、それをいち早く感知する能力を磨《みが》いていなければ、いつ連座して引っ張っていかれるか、持っていかれるかは分かりません。

このあたりのことも、人間としての成長のうちであるわけです。

自分の仕事や、自分の勉強にしか関心がないような人は、しょせん、大勢の人と一緒に仕事をしていくのは無理でしょう。大勢の人と仕事をしながら成功するには、もう一段、「心の練度《れんど》」を上げなければならないのです。

第3章

欲と生霊《いきりょう》

――生霊の発生原因と対処法

二〇一一年一月四日　説法《せっぽう》

東京都・幸福の科学総合本部にて

1　強い意見を主張し続ける生霊《いきりょう》現象

宗教的テーマである「生霊」について分析《ぶんせき》する

本章のもとになった説法《せっぽう》は、二〇一一年の年初（一月四日）に行《おこな》ったものです。どのようなテーマで始めるかについて、さまざまに検討したのですが、試行錯誤《しこうさくご》の末、〝四度目の正直〟で「欲と生霊《いきりょう》」に決めました。

それまでに演題の候補がいろいろと入れ替《か》わり、説法当日の朝には、『救世の法』（幸福の科学出版刊）をテキストに英語説法をする予定でいたのですが、それを突如《とつじょ》、生霊に止められてしまいました。その際、「そういえば、まだ、生霊そのものに関する法話《ほうわ》をしていない」ということに思い当たったため、「切り返し」

の意味も込《こ》めて、この演題で話すことにしたのです。

これは、宗教的テーマです。「生霊」という言葉は、私自身も、それまであまり使っていなかったのですが、この説法の前年あたりから、よく使うようになってきたため、これについては、一度、分析《ぶんせき》をかけて、考え方を示す必要があると感じていました。

新春早々、それほど華《はな》やかな話題ではなく、〝ローギア〟でのスタートではありましたが、だんだんにエンジンがかかってきて調子が上がっていくほうがよいかとも思い、このテーマから始めることにしたのです。

単なる「守護霊《しゅごれい》」ではない「生霊《いきりょう》」が生まれる背景とは

それまでも、悪魔《あくま》とか悪霊《あくれい》とかいうものは、私のもとにはよく来ており、そのつど、追い払《はら》ってはいたのですが、それ以外にも、ときどき幸福の科学の幹部職員の守護霊《しゅごれい》が私のところに来て、意見を述べていくことがありました。

ただ、守護霊の意見をレターに書いて総合本部に送り、（担当の職員が）その幹部職員本人に、「あなたの守護霊は、こんなことを言っているぞ。どうだ！」という感じで、〝検事〟と化してそのレターを見せると、たちまち、「へへー！」という感じになって、その人が人事異動によって、すぐにいなくなるようなことが起きていたのです。

ところが、そうした現象が多くなってくると、みな、だんだんと慣れてき始め、抵抗力《ていこうりょく》がついてきたようで、そう簡単ではなくなってきました。守護霊も少し強くなってきて、〝単なる守護霊〟ではなくなってきたのです。

まずは、人間としての表面意識で、「こうしたい。ああしたい」という強い考え方を持つわけですが、そこに守護霊の意見が重なって〝ダブル〟で出てくると、それが「生霊《いきりょう》」となって、普通《ふつう》よりもかなり強いかたちで意見を主張し続けることがあるのです。夜の時間帯などに来られると、説得するのに一時間、二時間とかかることもよくありますし、一人とは限らず、一晩に何人も来ることもあります。

本来であれば、会議などを開いて一生懸命《いっしょうけんめい》に議論しなくてはいけないのでしょうが、当会は、やや、そのへんで〝手を抜《ぬ》きすぎた〟きらいがあります。外向けの説法を優先していたために、幹部との議論が十分にできていなかったところがあり、その内部に溜《た》まっている部分の〝ガス抜き〟のようなものが、こういうかたちで出てくるのでしょう。

彼らは、意見を言うために訪ねてきて、通常、一時間ぐらい粘《ねば》り、納得《なっとく》するまでは帰りません。●『仏説《ぶっせつ》・正心法語《しょうしんほうご》』のＣＤ（宗教法人幸福の科学刊）をかけたとしても、彼らも毎晩、それを読誦《どくじゅ》しているため、正体は現すものの、怖《こわ》くないので逃《に》げはしないわけです。

●『仏説・正心法語』　幸福の科学の根本経典《こんぽんきょうてん》。全編が仏陀《ぶっだ》意識から降ろされた言魂《ことだま》で綴《つづ》られており、これを読誦《どくじゅ》することで天上界《てんじょうかい》とつながり、霊的な光が出てくる。三帰誓願者《さんきせいがんしゃ》（幸福の科学の三帰誓願式において、仏《ぶっ》・法《ぽう》・僧《そう》の三宝《さんぽう》に帰依《きえ》することを誓《ちか》った人）にのみ授与《じゅよ》される。

これについては、新たな対策を立てないかぎり、どうにもなりません。問題解決まで行かずとも、「ある程度、答えを出さないとなくならない」とは思っています。

2　宗教の使命の一つ――「争《そう》」の解決

近代宗教が特に力を入れてきた「貧《ひん》・病《びょう》・争《そう》」の解決とは

さて、翻《ひるがえ》って宗教全般《ぜんぱん》について考えてみると、少なくともここ百年、二百年で、宗教が特に力を入れて取り組んできたテーマは「貧《ひん》・病《びょう》・争《そう》」です。

「貧」とは「貧しさ」であり、「どのようにして貧しさから抜《ぬ》け出すか」ということも幸福論の一つであるわけです。

このテーマに関して、幸福の科学には、さまざまな教えが、宗教全般から見てもわりあい豊富にあると思います。貧しさをそのまま肯定《こうてい》してしまわずに、そこから脱却《だっきゃく》する方法を数多く説いているのです。

　また、「病《びょう》」については、「病《やまい》、病気の問題をどうするか」ということがテーマになります。当会は、最初のころ、「病気治しはしません。病院へ行ってください」と言っていたような〝冷たい〟宗教ではあったものの、だんだんニーズが出てきたことに加え、教団が大きくなって信仰心《しんこうしん》が立ってくると、病気が治る事例も多くなってきました。

　まだ、完成しているわけではありませんが、今は病気に関する法話《ほうわ》も増えてきつつありますし、『奇跡《きせき》のガン克服《こくふく》法《ほう》』（幸福の科学出版刊）等も発刊しています。加えて、さまざまな病気平癒《へいゆ》系の祈願《きがん》も、今後さらに開示されていきますので、少しずつ対策は立ちつつあるでしょう。

　ただ、病気の種類が非常に多いため、今のところ完全で

病気に関する著作の一例。（右から）『奇跡のガン克服法』『ザ・ヒーリングパワー』『病気カルマ・リーディング』『病を乗り切るミラクルパワー』（いずれも幸福の科学出版刊）。

はなく、まだまだ〝序《じょ》の口《くち》〟かと思っております。

三番目の「争」は「争いごと」であり、「争いごとや揉《も》めごとを、どう収めるか」ということも、宗教としては大きなテーマの一つです。

例えば、日本神道《しんとう》の軍神や戦神《いくさがみ》であれば、「戦って勝ってしまえばよい」というやり方もありました。

あるいは、「貧」からの脱却方法とは逆になりますけれども、「自由にものを考えさせないで、抑圧《よくあつ》するスタイル」も、歴史的には、わりと多かったのではないでしょうか。「何かの権威《けんい》を立てて、その権威に対して逆《さか》らわないように教え込《こ》む」というスタイルもあったと思うのです。

確かに、「自由」を認めると意見がたくさん出てきます。そして、その意見の多様性を許容すると、今度は、ぶつかり合いが起きてくるというのが、一つの問題ではあるでしょう。

一方、「一神教が、数多くの問題を起こし、戦いが生じている」とも言われています。一つの考えで全部をまとめようとしても、まとめ切れないので、喧嘩《けんか》がよく起きるわけです。なかでも激しいのは、「一神教 対 一神教の戦い」でしょう。どちらか一方が、もう片方を完全にノックアウトするまで、戦いが終わらないからです。このように、一神教の問題は非常に難しいと思います。

そういう意味では、多神教のほうが、多少、緩《ゆる》やかではありますが、多神教は多神教で、「それぞれの考え方が正しいかどうか」についての結論を出すのが難しいこともあり、「争」の問題は完全に収まるものではありません。

争いを解決するために、いろいろなルールや制度がつくり出されてきた

そのため、政《まつりごと》（政治）においては、「戦争で決着をつける代わりに、選挙の投票によって決着をつける」という知恵《ちえ》をつくり出したわけです。

「どちらが正しいかは分からないけれども、選挙でいちばん票を取った者が勝ったことにしよう。負けた場合は、諦《あきら》めることにしよう。投票が公正ならば、それを認めよう」という考え方が、近代の政治において、ルールとしてできてきたのです。

この選挙制度と、「何年かたったら辞《や》めてくれる」という任期制のおかげで、王様の首が飛んだり、あるいは、首相や大統領が狙撃《そげき》されたりしないで済むようになったわけです。

スポーツも同様で、例えば、相撲《すもう》でも、「十五日間戦って、何勝何敗という勝ち星の数で優勝が決まる」という一定のルールを決めれば、それで終わります。「土俵の上で、相手が死ぬまで戦う」というのであれば、そう簡単に終わるものではないでしょうけれども、ルールを決めることで勝ち負けが決められるわけです。野球にしても、「九回の裏までに、点数を多く取ったほうが勝ち」というルールを決めれば、勝敗は決められます。

宗教間の「争《そう》」は、数多くの〝正義〟同士の相克《そうこく》

ただ、思想や宗教の次元になると、「何が正しくて、何が間違《まちが》っているか」に関しては、そう簡単に譲《ゆず》れないところはあるでしょう。

例えば、さまざまな宗教がありますけれども、それぞれ、深く信じているものがある場合には、やはり、「お互《たが》いに譲らない」ということがあります。

また、一神教の地域は別として、日本のようなところでは宗教の数が非常に多いため、「それら全部が正義である」となった場合、ものすごい数の正義があることになってしまいます。実体を伴《ともな》っているかどうかは分からないものの、数としては、日本には宗教法人が十八万ぐらいあると言われているのです。

ただ、十八万もの団体を本当の神様が指導しているとは思えませんので、その

なかには、さまざまなものが紛《まぎ》れ込んでいるのは間違いないでしょう。

あるいは、神様が指導している団体同士であっても、神様の霊格《れいかく》的な高下《こうげ》・上《うえ》下《した》の問題はあると思われます。さらには、それぞれの神様にも、得意・不得意の分野があるでしょうから、自分の得意な分野については譲らなくて、「不得意な人は黙《だま》ってください」というところがあるのではないでしょうか。

幸福の科学も、立宗《りっしゅう》以来三十数年がたちましたけれども、こうした「争《そう》」の問題をどのように収めるかについては、まだ比較《ひかく》的弱い部分であると感じています。

「負けた人」でも再起用する「ローマ軍方式」の人事システム

ただ、ある程度の年数が経過したこともあり、教団内部では少しずつ忍耐力《にんたいりょく》がついてきつつあるようには思います。

以前であれば、教団組織のなかで役職の上がった人が、その後、降格になった場合、ほぼ確実に悪魔《あくま》に入られました。特に、一九九〇年か九一年ぐらいまでは、役職が上のほうだった人が下げられたりすると、ルシフェル等の悪魔に即《そく》入られ、教団をかき回すようなことがあったのです。要するに、降格されるとプライドが許さず、暴《あば》れたわけですが、さすがに二十年以上がたったころには、そう簡単には入られなくなりました。

確かに、昔の歴史に見るように、「役職を外されたら死刑《しけい》にされる」という感じであれば大変だと思いますけれども、幸福の科学では、そのような運営をしていないことが分かって、だんだん慣れてきたところもあるのでしょう。

そういう意味で、当会の運営方式は、政治の世界に似ていると言えば似ています。例えば、政界では、平議員《ひらぎいん》が大臣になったり、総理になった人がまた平議員になったりしますし、あるいは、総理をした人が財務大臣に戻《もど》ったりしますけれども、こういうやり方は、「ローマ軍方式」なのです。

ローマでは、選挙によって選ばれた執政官《しっせいかん》が長《ちょう》をしていましたが、彼らは、戦争で負けたとしても、すぐに失職はしませんでした。負けても、「『負けた』ということによって経験を積んだ」と見なされ、いったんは降ろされても、また出てくることができたのです。そのように、「何度でも出てこられるシステム」をつくり、「経験を積ませる」というやり方を取ったわけです。

これは、ある意味で、今の民主主義と同じでしょう。いったん大臣を務《つと》めた人がその職を辞めたとしても、必ずしも、それで政界引退になるわけではありません。しばらくしたら違う立場になるなどして、繰《く》り返し出てきます。これは、人材をストックしつつ、教育していくための一つのシステムなのです。

もちろん、「将軍であっても、勝ち続けないかぎりは地位を維持《いじ》できない」というやり方もあるでしょう。しかし、負けたとしても、「『負けた』という経験を積んだ」と考えて、「チャンスがあれば、もう一回、起用する」、あるいは、「この地域であれば、この人が強い」という判断をして起用するといったやり方もあります。これは、「ローマ軍方式」なのです。

ローマ軍は、そういう戦い方をしました。ローマ軍と戦っていた異邦人《いほうじん》のほうは、だいたい王様が指揮をしており、「王様が倒《たお》されたら終わり」だったのですが、ローマ軍のほうはそうではないため、倒しようがなかったのです。

要するに、「トップを潰《つぶ》せばよい」と考えていたところ、潰しても潰しても、司令官がいくらでも出てくるため、潰しようがなかったのです。そういう、幹部というか、司令官を出し続けるシステムをつくれていたところが、ローマが強かった理由だと思います。

「経験の幅《はば》」を広げ、人間の器《うつわ》を大きくする人材登用の仕方

当会でも、ある程度、そういうやり方を取っており、何度もいろいろなところ

に人を起用して使っています。もちろん、いったん降ろされることによって、精神的ショックは受けるかもしれませんが、「経験の幅《はば》」は広がります。ほかの役職を経験し、ある意味で〝休んで〟いる間に、知識や経験の幅が広がって、次に起用されるときには、もう少し視野が広くなっていることがあるのです。

むしろ、一つの部署だけで偉《えら》くなった場合、その後、行き場がなくなってしまうことがあります。やはり、「一つのところで偉くなり、そこで駄目《だめ》になっても、また、ほかのところを経験し、しばらくして再び上がってくる。そこで駄目でも、さらにほかのところを経験して、また上がる」ということをしているうちに、だんだん経験の幅が広がり、人間としての器《うつわ》も大きくなっていくのです。

当会ではそういう登用の仕方をしており、次第《しだい》に教団としても慣れてきたので、この十年ほどは、暴れる人が出てきにくくはなっております。

もちろん、幹部だけではなく、私の知らないうちに還俗《げんぞく》（退職）している職員の方が、多少暴れたりすることもありましたが、それについては、いろいろな理由があることはあるのでしょう。

「争《そう》」の最終形態である「戦争」をも解決する宗教の使命

なお、「『争《そう》』の問題に対して、どう対応するか」ということについては、特に、教団の「外」と「中」とでは違いがあります。「中」ではある程度、自分たちの文化でやれる面もあるのですが、「外」に対しては、まだまだ弱いところがあると思うのです。

例えば、教団では、「言葉を慎《つつし》む（正語《しょうご》）」とか、「貪《とん》・瞋《じん》・癡《ち》（貪《むさぼ》り・怒《いか》り・愚《おろ》かさ）を抑《おさ》える」といったことを、かなり強く説いているので、「外」から「貪・瞋・癡」の非常に強い者が攻《せ》めてきた場合に打ち返せず、歯がゆい思いをすることも、そうとうあるのではないでしょうか。

こうしたことは、当会が政治に参加し始めてから、さらに、はっきりと出てき始めたかもしれません。何と言うか、「そこまで、できない」という部分が出てきたように思います。やはり、この「『争』の部分をどうするか」という問題があるのです。

また、「世界平和」についても話をしていますが、結局、戦争も「争」の問題であって、「争いごと」ではあるわけです。

例えば、北朝鮮《きたちょうせん》と韓国《かんこく》は、長年対立していますが、政治的思想も違えば制度も違うため、どちらも譲りません（説法《せっぽう》当時）。お互いに、立場が変わると正反対のことを平気で言ってくるので、相手を許せないのでしょう。

そして、そういう状況《じょうきょう》に対して、「国連」という機構があっても抑えることができないわけです。なぜならば、強制力を働かせると暴発する恐《おそ》れがあり、その場合には、何万人、あるいは、十万人以上の人が亡《な》くなるかもしれないため、そう簡単に強制力を使えないのです。その結果、やはり、言いたい放題になっています。

例えば、●延坪島砲撃《ヨンピョンとうほうげき》事件についても、北朝鮮から砲撃したことが明らかであるにもかかわらず、平壌《ピョンヤン》の国営放送を聴《き》けば、「韓国から攻撃《こうげき》があったので応戦した」という言い方を平気でするわけです。北朝鮮の国民は、それ以外に情報が取れないため、そういうことをするのでしょう。

このように、「争」の部分については、「最終形態は戦争かもしれない」とは思いますが、この「争」の問題も何とかして解決しなければ、宗教としての機能は果たせないと考えています。

●**延坪島砲撃事件**　2010年11月23日、北朝鮮が南北軍事境界線の近くにある韓国の延坪島に向けて砲撃し、韓国はこれに応戦。韓国軍人2名と民間人2名が死亡、20名近くの負傷者を出した。

3 「争《そう》」の原因となっている「欲」を見抜《みぬ》くには

人間の欲の「限度」をどのように見極《みきわ》めるかの問題

結局、なぜ「争《そう》」、「争い」が起きてくるのかを考えた場合、仏教の原点に立ち返りますが、基本的には、「欲」の部分が原因であるように感じます。人間としても、会社としても、国家としても、自然に欲が出てくるわけです。

もちろん、「欲のすべてが悪である」とは言えません。なかには、「成長欲」というものがあります。「成長して、もっと立派になっていきたい」という気持ちは、誰《だれ》しもが持っているものですから、その全部を否定することはできないでしょう。

ただ、「限度」というか、「調和させる範囲《はんい》」があるはずです。このへんについては難しく、「中道《ちゅうどう》」と呼ばれる部分だと思いますが、要するに、「成長欲の限度」があるのではないでしょうか。

仏教的な原点から「食欲」を見ると

仏教的な原点に帰って、個人の問題として見た場合、「欲の問題」にはいろいろなものがあります。

例えば、基本的な欲として「食欲」がありますが、これについては、一日三食も食べれば、もう十分であって、それ以上食べて、四食、五食、六食となると、さすがにもたなくなるでしょう。カツ丼《どん》を食べるにしても、久しぶりであればおいしいかもしれませんが、二杯《はい》目となるときつくなり、三杯目には「もう結構」となるのは当たり前です。

ただ、限度があるとはいえ、こうした食欲のような〝原始的な欲〟もあるわけで、それがグルメや食通《しょくつう》などのかたちで現れてくるのだと思います。

確かに、「趣味《しゅみ》の世界」や「通の世界」には、ある程度、人間関係を良好にする潤滑油《じゅんかつゆ》の効果があり、グルメや食通も役に立ったり、面白《おもしろ》がられたりするところもあるので、私は、そうしたものを全部否定する気はありません。

しかし、度を超《こ》えた場合には、害になる面もあるでしょうし、それは、食についても同様だと感じています。

もちろん、こうした面だけでは、必ずしも「この世的な人間」とは言い切れないところがあります。中国の聖人である孔子《こうし》は、「膾《なます》は細《こま》かければ細かいほどよい」などと言うぐらいの〝うるさい人〟ですから、そうとうの食通だったと推定されます。おそらく、「舌触《したざわ》り」や「噛《か》みごたえ」等までを問題にする方だったのでしょう。

それについては、必ずしも、この世的なものとは限らないかもしれません。ただ、一定の限度がありますし、度を超えた場合には、あとで〝復讐《ふくしゅう》〟のように、「病気」として、特に「生活習慣病」として、自分の体に返ってくることがあるわけです。

「財欲」において、「仏教で言う『中道《ちゅうどう》』に入《い》る修行《しゅぎょう》」とは

また、「財欲」も当然あります。これは、仏教でも戒《いまし》めているものです。

人間の能力には差があるため、どうしても、「商売上手な人と、そうではない人」、あるいは、「出世する人と、しない人」などの違《ちが》いが出てきます。これをシステム的に調整することには、さまざまな苦労があるのです。

例えば、「下」が貧しいのに「上」が取りすぎたら、反乱や革命が起きてくることもありますし、逆に、働こうが働くまいが全員を同じ扱《あつか》いにすると、今度は、

みなが怠《なま》け者になって停滞《ていたい》することになります。マルクスの思想を徹底《てってい》したら、そうなる面もあるでしょうから、「加減の問題」として非常に難しいところはあると思うのです。

いずれにしても、「どのあたりが分相応《ぶんそうおう》なのか」を見極《みきわ》めることは極めて難しく、それが、「中道《ちゅうどう》に入《い》る」という修行《しゅぎょう》でもあるのでしょう。

例えば、「自分がこの地位に就《つ》いているのは、果たして、社会的に、客観的に妥当《だとう》なのかどうか」、あるいは、「これだけの給料をもらっているのは妥当なのかどうか」について判断するのは、非常に難しいことです。これを、他人《たにん》の目を総合したような目で見ることができるのは、そうとうクールな方です。実際には、なかなか分かりません。

むしろ、たいていの場合は、地位にしても、収入にしても、「もう少し上で当然だ」と思っているのが普通《ふつう》ではないでしょうか。やはり、地位が上がったり、収入が増えたりすれば、それが喜びになるところがあるため、だいたい、そのように感じているものだと思います。

ただ、こうしたことについて、自分の周《まわ》りにいる人との比較《ひかく》だけで考えていると、間違いを起こすこともあります。会社であれば、「同業他社がどうなっているか」という比較もあるでしょうし、会社の規模相応に考えなければいけないところもあるわけです。

財欲の中道《ちゅうどう》①――自分の立場を「社会的な目」で見る

あるいは、「社会的な目」というものもあるでしょう。

例えば、今は政治家に対して、資産公開などが義務づけられています。それには、かわいそうな面もあるとは思いますが、「権力を振《ふ》るう立場にある者が、私腹を肥やしていないかどうか」を非常に厳しく監視《かんし》されているわけです。

「金儲《かねもう》けをしてはいかん」というようなことを言っている政党の党首が、定期預金を一億円以上も持っていたそうで、〝みずほ銀行〟などと呼ばれたりもしていましたが（説法《せっぽう》当時）、どういう経緯《けいい》でつくられた資産なのかは分からないので、その蓄財《ちくざい》が妥当《だとう》かどうかは、いわく言いがたいところがあります。正当に働いてつくられたのであれば問題はないと思いますけれども、政治家としての何らかの特権を使ってつくられたものであるならば、やや〝灰色の部分〟があるかもしれません。

ただ、そのへんのところがあるにしても、やはり個人としての能力の差は、当然あるものと思われます。

同じようなことは、かつて副総理を務《つと》めた、故・後藤田正晴《ごとうだまさはる》氏にもありました。彼の場合は、マスコミから、「資産が十億円もあるのは、政治家としてどうか」と問われたのですが、「五十年以上、営々と働き続けて、その程度の資産があるのは当たり前だ」と平然と言い返したところ、相手は黙《だま》ってしまったようです。

このあたりについては、「個人の力量」や「説得力」、「社会的な目」等のバランスがあるため、「全体から見て、どのへんが妥当か」という観点はあるでしょう。

財欲の中道② ――「社長の自由裁量の範囲《はんい》」は、会社規模で変わる

また、会社の社長について言えば、零細企業《れいさいきぎょう》は別として、中小企業あたりの社長が使えるお金は多く、実際にお金持ちでもあるわけですが、大会社になってくると、収入がだんだん平準化してくる傾向《けいこう》があります。五千人、一万人、あるいはそれ以上の規模の会社になると、社長と新入社員との（収入の）差は、七倍程度で収まるぐらいに縮まっていきます。まことに不思議なことではあるのですが、「会社が成長したら、社長の収入が増える」のかと思いきや、減り始めるわけで

す。

むしろ、従業員数が二、三百人とか、四、五百人とか、数百人規模の中小企業の場合のほうが、社長の使えるお金は個人的にもずいぶん多いでしょう。また、公私混同《こうしこんどう》が起きていても、みな、「当たり前だ」と思っているところがありますし、実際、中小企業では、それほど明確に公私を分けられるものではないのです。

社長には、いろいろな得意先を接待し、ゴルフに行ったり、食事をしたりすることがあると思いますけれども、それが公か私かは、やはり分からないでしょう。社長が、「会社の付き合い上、したほうがよい」と思っているのなら「公」なのかもしれませんが、厳密な区別などつきはしません。これが、中小企業のレベルです。

しかし、大企業となり、規模が大きくなればなるほど、「役所」に近づいていくところがあります。そのため、トップにしても、「経営力量が抜群《ばつぐん》だからトップになっている」というよりは、「周りから見て据《す》わりがいいし、何となく全体がまとまるためにトップになっている」という系統の人が多いのです。

そういう意味では、必ずしも、社長の経営手腕《しゅわん》によって会社が利益を出しているわけではないでしょう。

また、社長も、だいたい四年から六年ぐらいで交代していくものなので、〝順番待ち〟をしているところがあります。同じぐらいの能力の人が大勢いるため、早く替《か》わらないと、能力のある人が上がれないで終わってしまうわけです。

役所では、トップである次官などは一年ぐらいで替わってしまい、二年もやったら「やりすぎだ」という批判が出ることもあります。それは、「次官になりたいのに、なれない人が出てくる」「二年続けて優秀《ゆうしゅう》な人材が出た場合、先の人に二年間務められたら、次になりたい人がなれないので、かわいそうではないか」という考えでしょう。しかし、一年ぐらいで替わってしまうのであれば、実質上、飾《かざ》りであって、仕事にはなっていないと思われます。ただの〝上がりセクション〟になっているのではないでしょうか。

このように組織が大きくなってくると、意外に自分の自由にならず、思ったように権力も振るえなければ、財力も使えないようになってきます。むしろ、それほど世間《せけん》から尊敬されないレベルのときには、権力を振るえたり、財力を使えたりすることがあるわけです。

「どこからが欲か」を見極《みきわ》める〝達人の技《わざ》〟とは

これ以外にも、さまざまな所有欲があるとは思うのですけれども、それらについても、「どこまでが妥当《だとう》で、どこからが妥当ではないのか」ということを知るのは、実に難しいと思います。やはり、個人の性格や才能、周りを説得する力、あるいは、人からの見られ方など、いろいろな要素があるからです。

そもそも、公私を分けること自体が難しいことではありましょう。

ただ、会社の場合であれば、「課長のしていることが公私混同に当たるかどうか」は、「部下である課長補佐《ほさ》、係長、課員等が、課長と同じことをしたときに許されるかどうか」と考えてみれば、だいたい分かるところがあるのです。あるいは、「部長が公私混同したかどうか」は、「部長の部下が同じことをしたときに、どうなるか」を考えてみれば分かるでしょうし、役員であっても、「その役員がしたことを、役員以外の人がしたらどうなるか」を考えてみればよいわけです。

もちろん、立場の差がありますから、程度によっては許されることもあるかもしれません。

例えば、大会社の役員が、自分の役員室に「絵を飾りたい」とか、「壺《つぼ》を飾りたい」とか、「山水画が趣味なので、枯山水《かれさんすい》をつくりたい」とかいう場合、それが公私混同に当たるかどうかには微妙《びみょう》なところがあるでしょう。

もし、役員室に山水画を掛《か》け、鹿威《ししおど》しをつくったとしたら、社長から、「自分でもしていないことをするのは許せない。公私混同である」などと言われ、単なる嫉妬《しっと》によって潰《つぶ》されることもあります。

しかし、社長が〝バタ臭《くさ》くて〟完全に西洋文化に染まっており、まったく日本文化に関心がなく、そういう趣味もないのであれば、役員のしたことに関心を持たないこともありえるため、何とも言えません。

つまり、役員が鹿威しをつくっても、クビになる場合もあれば、ならない場合もあるわけです。

ただ、役員よりもっと下の職位の人が同じことをした場合、クビになる可能性はかなり高いと思われます。部長や課長あたりが、玉砂利《たまじゃり》を敷《し》き、水道を通して、鹿威しをコトンコトンとさせながら、「いやあ、お客さんが喜ぶんですよ」などと言っていたら、処分を受ける可能性はかなり高いと見ていいでしょう。

このへんの判断基準は非常に難しく、嫉妬も絡《から》むので、客観性があるかどうかは分かりにくいところがあります。「どこまでが正当な範囲《はんい》で、どこからが欲か」を見極《みきわ》めるには、そうとうの〝達人の技《わざ》〟が必要とされるでしょう。

また、その人が取れる「責任の範囲」というものがありますから、その範囲が大きければ、仮に「欲」であるように見えたとしても、ある程度、周囲に我慢《がまん》してもらえる面もあるわけです。

そういう意味では、なかなか難しいところではあると思います。

4　生霊《いきりょう》の実態と「欲の調整」のポイント

まず、「生霊の実態」と「自分の分《ぶん》」を知る

生霊《いきりょう》の問題というのは、結局、欲にかかわってきます。人間は、さまざまな欲を持っており、「自分は、もっともっと何かが欲《ほ》しい」という思いが強く出てきて、本人の表面意識と守護霊《しゅごれい》とが合体してきたときに、それが非常に強力な念波《ねんぱ》になって、ずっと出続けるわけです。そして、その念波が、自分の願いに影響《えいきょう》を与《あた》えうる立場の人に届いて、その人に影響を与え続けることがあるのです。

こうしたことは、会社等でもよく起きています。例えば、人事評価などについても、生霊に何日も粘《ねば》られた場合、「そういえば、あの人のほうが仕事ができる

かな」とか、「忠誠を誓《ちか》っているな」とか、そういうことを思って、何となく判断してしまうことがあるわけです。つまり、気がつかないうちに、生霊に〝やられて〟しまっているのです。

こうした生霊の問題については、まず、本人の問題として捉《とら》えるならば、基本的に、「自分の分《ぶん》を知る」ということが大事でしょう。もう一回、白紙の目で、自分自身のキャリアを見てみること、すなわち、「今まで勉強したり、経験したりしてきたこと、あるいは、実績として残してきたことが、現在の自分の立場や地位、収入、権限等と釣《つ》り合っているかどうか」という、自分の「分」の点検が要《い》るわけです。

また、ほかの人を見るときにも、やはり、そうした客観的に見る目が必要ではないでしょうか。

あえて〝嫉妬《しっと》の矢〟をかいくぐる覚悟《かくご》

ただ、それ以外に、キャリア等とは関係なく、単に嫉妬《しっと》されることも当然ありえます。世の中では、目立つ者は嫉妬されるので、こうしたことに対しては、ある程度、「しかたがない」と割り切らなくてはいけない面もあるかもしれません。「本当に、正しいことをしている。世の中のためになることをしている」と思うなら、あえて〝嫉妬の矢〟をかいくぐってでも行わなくてはいけないことがあるわけです。

ときには、宗教に対して、宗教好きな人が、それらしいことを言って嫉妬することもあります。

例えば、女流作家である曽野綾子《そのあやこ》さんは、キリスト教文学者として頑張《がんば》られた方だとは思うのですけれども、「正しい宗教か、間違《まちが》った宗教かを見分けるポイント」に関して、何度も、「『神仏《かみほとけ》の生まれ変わりだ』と言うところは間違ってい る。あるいは、政治的な権力を持ちたがるところ、多額のお金集めをするところ、大きな組織をつくって活動しようとするところなどは間違っている」と書いているのです。

これらは、だいたい、創価学会《そうかがっかい》と幸福の科学に該当《がいとう》することであり、教団規模が小さければ、当てはまらなくなることばかりでしょう。

もちろん、何をおっしゃっても結構ですし、それはしかたがないことかもしれません。ただ、そういうタイプの方であれば、おそらく、キリストが生まれ変わってきたとしても迫害《はくがい》するだろうと思うのです。

厳しい言い方にはなりますけれども、ある意味で、彼女自身に〝不成仏《ふじょうぶつ》な部分〟がおありなのではないでしょうか。他人《ひと》の話ばかりを書いていますが、「自分自身は、そういう立場に立てていない」というところがあるのかもしれません。

やはり、フリーのジャーナリストなどもそうなのですが、組織等の運営をしたことがない人は、お金に関して異常なアレルギーや嫉妬心を起こすことが多いのです。

しかし、個人で活動している分には、使うお金の額が限られているけれども、組織が大きくなってくれば、どうしても「資金」が必要になってきます。また、組織には、国家、会社、団体等、さまざまなレベルがあるわけなので、資金の額が大きすぎるかどうかの判断については、個人で活動している人には、なかなか分からないものなのです。

マザー・テレサやナーランダ学院に見る「経営的視点」

例えば、映画等で観《み》るかぎり、マザー・テレサの団体は、非常に質素な生活をしているわけですけれども、それでいて、年間二百億円ぐらいの予算を持っていたというのは、驚《おどろ》くべきことです。あの生活レベルで二百億円もの資金を集めていたのであれば、そうとう大口の寄付者にアタックをかけていたのは、ほぼ確実でしょう。おそらく、大富豪《だいふごう》のところへ行って、お金を集めたり、小切手を受け取ったりしていたと思われます。しかし、そういうところだけを捉えて、「マザー・テレサの団体は、二百億円も集めているから間違っている」と言うのは、おかしいのではないでしょうか。

四千人ものシスターを全世界に派遣《はけん》して活動していれば、たとえ、彼女たちの生活レベルが低かったとしても、一定の運営費は要るのであって、そこには、人知れぬ苦労があると思われます。

マザー・テレサは、国際線の飛行機に乗った際、「使用した紙コップが惜《お》しい」と言って、それを持ち帰ったり、食事の残り物を集めて持ち帰ったりするような〝ケチケチ運動〟をしていたわけですが、一方では、政府から土地の提供を受けたり、大富豪から寄付金を集めたりしていたのですから、いろいろな面を持っています。やはり、組織運営をすれば、必要なものが出てくるのでしょう。

ただ、そうしたことを経験せずに、個人で仕事をしている作家やジャーナリスト等には、どうしても分からないところはあります。

したがって、相手が経営的な判断ができないために、嫉妬して批判しているようなものについては、ある程度、跳《は》ね返していかなければならない面があるかと思うのです。

仏教にしても、釈迦《しゃか》の時代は貧しかったかもしれませんが、時代が下ると、ナーランダ学院という、学僧《がくそう》が一万人もいて大学生協のようなものまで備えている、すごい学院がありました。そこでは、信者から集めたお金を貸し付けて利子を取り、その不労所得《ふろうしょとく》で食べていたのです。

確かに、一万人もの学僧が托鉢《たくはつ》をしたら、〝イナゴの大群〟が町を通ったようになってしまいますから、それはできません。そのため、お金を貸し付けたり、あるいは種籾《たねもみ》を貸し出したりして、それらの利子で食べていくようにしていたわけです。そういう意味では、そのときどきの生き方がありえるのでしょう。

この「個人」と「組織」のところの見分けについては、難しいところがあるのだと思います。

〝魔法使《まほうつか》いの世界〟に入りすぎず、仏教的に正しい努力を

いずれにしても、生霊の発生原因が「欲」であることは間違いありません。

これが平安時代であれば、「生霊調伏《ちょうぶく》」は、陰陽師《おんみょうじ》の活躍《かつやく》の場ではあったのでしょう。当時は、政敵に対しても、生霊が取り憑《つ》いてきて、失脚《しっきゃく》させたり、病気をさせたり、呪《のろ》い殺したりしていました。それ以外にも、恋敵《こいがたき》を呪うことによって、失脚させたり、追い出したりすることがあったようです。

もちろん、こういうやり方が、一定のフェアな範囲内《はんい》に入っているかどうかは、よく検討しなければならないとは思います。度を過ぎれば、やはり、〝魔法使《まほうつか》いの世界〟の領域にまで入ってしまうかもしれません。

このあたりについて判断するのは、非常に難しいことではあります。

例えば、幸福実現党について、「なぜ、もう少し票が取れないのか」と不思議に思うわけです。旧民主党の菅《かん》政権は人気が落ちたとはいっても、支持率が二十パーセントぐらいはありました（説法《せっぽう》当時）。それだけの支持率を取るのは、なかなか大変ですから、やはり、「なぜだろう？」とは思うのですが、それは、「『現時点で幸福実現党が政権を取った場合、現政権よりも、さらに悪い政治をするのではないか』という恐《おそ》れを国民が抱《いだ》いている」と見るのが正しいのでしょう。

確かに、国民の見解としては、そうなのかもしれません。

それならば、幸福実現党としては、支持率が上がってくるまでの間に、必要な経験を積み、政策や専門知識、言論能力等、いろいろなものを蓄《たくわ》えていかなければいけないのだと思います。そのように捉えていくことが、仏教的には正しいのではないでしょうか。

やはり、祈禱《きとう》だけで、一躍、当選したりするようなものではないわけですから、もう少し、地道に取り組んでいかなくてはいけない面もあると考えます。

「欲の調整」と「中道《ちゅうどう》に入《い》るための基準」を常々考える

当教団は、「自由」について、かなり強調しておりますけれども、その分、少し「欲」の部分が伸《の》びてきた感じもあります。

したがって、もう一段、原点に帰り、「個人個人は、神の軍隊の一兵卒《いっぺいそつ》にすぎないという一面があるのだ」ということを知らなくてはいけません。「地上での目的を達成するために、ご奉仕《ほうし》する仕事があるのだ」という気持ちを、常に、どこかに持っておかなければならないのです。決して、独創的企業家《きぎょうか》として、金儲《かねもう》けに走っているような気持ちでいてはいけないのではないでしょうか。

やはり、「欲の部分の調整」は非常に難しいものです。特に、多くの人が一緒《いっしょ》に住んでいく場合にはそうでしょう。

能力についても、人によって長所と短所は違《ちが》うところにあるので、それをどういう配分で評価するかは、なかなか簡単ではありません。同じ能力であっても、高く評価される場面もあれば、そうでない場面もあるわけです。

もちろん、「何も自己主張できないのも弱すぎる」とは思うのですが、欲が過ぎると身を滅《ほろ》ぼすもとにもなるでしょう。

例えば、今、中国がＧＤＰ（国内総生産）において世界第二位の経済大国になったからといって、欲が膨《ふく》らみすぎれば、いずれ滅びに至る可能性がないわけではありません。

また、日本も、経済力（ＧＤＰ）が世界二位から三位に落ちたからといって、あまりへこみすぎてもいけない面があるとは思います。やはり、一億人余りの人口で、これだけの大国になっていることの誇《ほこ》りを失ってはいけないですし、まだまだ努力の余地があって、開発できていない部門も、そうとうあることを知らなくてはいけないのではないでしょうか。

いずれにしても、「欲の調整」が大切です。

国家の場合は「生霊」とは言わないかもしれませんが、人間であろうと、会社であろうと、国家であろうと、欲が過ぎると他のものを食い滅ぼしていく面があるので、こうしたところを「中道《ちゅうどう》に入《い》らせる基準」とは何かを、常々、考え続けなくてはいけないと思います。

5 「分不相応《ぶんふそうおう》な欲を持っていないか」の判断を

今後、「貧《ひん》・病《びょう》・争《そう》」の「争」についても、少しずつ研究を進めていきたいと思っています。

これまで、「貧」からの脱出《だっしゅつ》方法については数多く説いてきました。そのため、やや成功論に傾《かたむ》きすぎている面もあったかもしれません。

しかし、アフリカを見ても、イランとイスラエルを見ても、北朝鮮《きたちょうせん》と韓国《かんこく》を見ても、また中国と日本を見てもそうですが、あちこちに対立図式がたくさん出てきています。この「争」の部分をどうしていくかについて、もう一度、宗教的な立場から考え直してみたいと思うのです。

ただ、ほとんどは、「分不相応《ぶんふそうおう》な欲を持っているかどうか」の判断にかかっているでしょう。したがって、「どこをもって中道とするか」を考え、それを見いだすところに、「欲の調整」が働いてくるわけです。

もちろん、「日本が中国大陸を支配する」となれば、やはり欲が過ぎているだろうとは思いますが、中国が、「沖縄《おきなわ》も九州も欲《ほ》しいし、さらに大阪《おおさか》も東京も欲しい。皇居に住んでみたい」などと言い出したら、これもやはり欲が過ぎているのではないでしょうか。そうした「欲が過ぎる」と思う点については、きちんと指摘《してき》すべきであると思うのです。

今後も、「争について、どう判断するか」という探究を、念頭に置いておきたいと考えています。

あとがき

生霊《いきりょう》は、あなたの人生に、直接的、間接的に影響を与えるものである。時にはそれが、病気や事故、仕事上の失敗につながることもある。

その対策としては、常に心を鏡のように磨いておくことだ。そうすると、相手は、自分の乱れた心を発見して、反省のきっかけとなることも多い。

また常にゆるやかに善念《ぜんねん》を発し続けることも大切だ。自己中心的な悩みばかり持っている人には、同じく自己中な生霊を退散《たいさん》させるのは難しい。

また自分自身が生霊とならぬためには、自制心と、謙虚な心、日々精進《しょうじん》する姿勢、神仏への信仰心が重要である。また人生の諸問題を一日一日、きちっと片づけていくことが大事である。
本書が、あなたの霊的幸福人生につながることを切《せつ》に願っている。

二〇一九年　十一月十二日

幸福《こうふく》の科学《かがく》グループ創始者兼総裁《そうししゃけんそうさい》　大川隆法《おおかわりゅうほう》

『生霊論』関連書籍

『救世の法』（大川隆法 著　幸福の科学出版刊）
『人格力』（同右）
『奇跡のガン克服法』（同右）
『ザ・ヒーリングパワー』（同右）
『病を乗り切るミラクルパワー』（同右）
『病気カルマ・リーディング』（同右）
『志の経営』（渡邉和哉 著　ＨＳＵ出版会刊）

生霊論《いきりょうろん》

— 運命向上の智慧と秘術 —

2019年11月28日　初版第1刷
2022年9月16日　第3刷

著　者　大《おお》　川《かわ》　隆《りゅう》　法《ほう》

発行所　幸福の科学出版株式会社

〒107-0052 東京都港区赤坂2丁目10番8号
TEL(03)5573-7700
https://www.irhpress.co.jp/

印刷・製本　株式会社 堀内印刷所

落丁・乱丁本はおとりかえいたします

ISBN978-4-8233-0136-0 C0014
装丁・イラスト・写真© 幸福の科学

大川隆法ベストセラーズ・霊的世界の真実

永遠の法

エル・カンターレの世界観

すべての人が死後に旅立つ、あの世の世界。天国と地獄をはじめ、その様子を明確に解き明かした、霊界ガイドブックの決定版。

2,200円

あなたの知らない地獄の話。

天国に還るために今からできること

無頼漢、土中、擂鉢《すりばち》、畜生、焦熱、阿修羅、色情、餓鬼、悪魔界――、現代社会に合わせて変化している地獄の最新事情とその脱出法を解説した必読の一書。

1,650円

正しい供養 まちがった供養

愛するひとを天国に導く方法

「戒名」「自然葬」など、間違いの多い現代の先祖供養には要注意！ 死後のさまざまな実例を紹介しつつ、故人も子孫も幸福になるための供養を解説。

1,650円

霊的世界のほんとうの話。

スピリチュアル幸福生活

36問のQ＆A形式で、目に見えない霊界の世界、守護霊、仏や神の存在などの秘密を解き明かすスピリチュアル・ガイドブック。

1,540円

※表示価格は税込10%です。

大川隆法ベストセラーズ・霊現象の真相に迫る

恐怖体験リーディング 呪《のろ》い・罰《ばち》・変化身《へんげしん》の秘密を探る

呪われし血の歴史、真夏の心霊写真、妖怪の棲む家……。6つの不可思議な現象をスピリチュアル・リーディング！ 恐怖体験の先に隠された「真実」に迫る。

1,540円

夢判断

悪夢や恐怖体験の真相を探る

幽霊との遭遇、過去世の記憶、金縛り、そして、予知夢が示すコロナ禍の近未来──。7人の実体験をスピリチュアルな視点から徹底解明した「霊的世界入門」。

1,650円

心霊現象リーディング

徹底解明
見えざる世界からのコンタクト

謎の手形、金縛り、ポルターガイスト──。時間と空間の壁を超えるリーディングで、その真相を徹底解明。過去と未来をつなぐ神秘のメッセージが明らかに。

1,540円

日本を救う陰陽師パワー

公開霊言　安倍晴明《あべのせいめい》・賀茂光栄《かものみつよし》

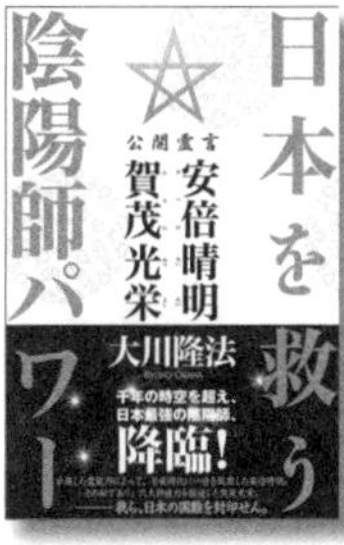

平安時代、この国を護った最強の陰陽師、安倍晴明と賀茂光栄が現代に降臨！ あなたに奇蹟の力を呼び起こす。

1,320円

大川隆法ベストセラーズ・心の修行の指針

呪いについて

「不幸な人生」から抜け出すためには

ネット社会の現代でも「呪い」は飛び交い、不幸や災厄を引き起こす――。背景にある宗教的真実を解き明かし、「呪い」が生まれる原因とその対策を示す。

1,650円

「呪い返し」の戦い方

あなたの身を護る予防法と対処法

あなたの人生にも「呪い」は影響している――。リアルな実例を交えつつ、その発生原因から具体的な対策まで解き明かす。運勢を好転させる智慧がここに。

1,650円

真実の霊能者

マスターの条件を考える

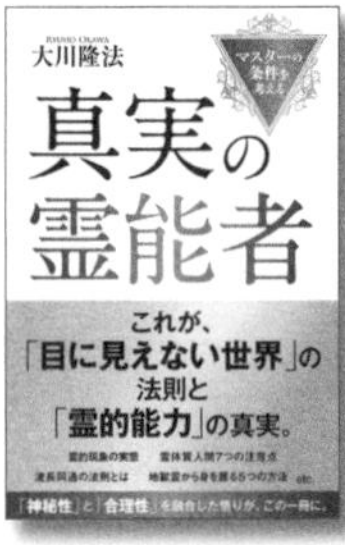

霊能力や宗教現象の「真贋《しんがん》」を見分ける基準はある――。唯物論や不可知論ではなく、「目に見えない世界の法則」を知ることで、真実の人生が始まる。

1,760円

真のエクソシスト

身体が重い、抑うつ、悪夢、金縛り、幻聴――。それは悪霊による「憑依」かもしれない。フィクションを超えた最先端のエクソシスト論、ついに公開。

1,760円

※表示価格は税込10%です。

大川隆法「法シリーズ」・最新刊

法シリーズ
第28巻

メシアの法

「愛」に始まり「愛」に終わる

詳細は
コチラ

「この世界の始まりから終わりまで、あなた方と共にいる存在、それがエル・カンターレ」──。現代のメシアが示す、本当の「善悪の価値観」と「真実の愛」。

第１章　エローヒムの本心
── 善悪を分かつ地球神の教え

第２章　今、メシアが語るべきこと、なすべきこと
── 人類史の転換点にある地球への指針

第３章　メシアの教え
──「神の言葉」による価値観を変える戦い

第４章　地球の心
── 人類に霊的覚醒をもたらす「シャンバラ」

第５章　メシアの愛
── 魂の修行場「地球」における愛のあり方

2,200円

幸福の科学の中心的な教え──「法シリーズ」

大川隆法著作 31年連続ベストセラー　　好評発売中！

幸福の科学出版

初期講演集シリーズ

4 人生の再建

苦しみや逆境を乗り越え、幸福な人生を歩むための「心の法則」とは何か──。名講演といわれた「若き日の遺産」が復原された、初期講演集シリーズ第4巻。

5 勝利の宣言

現代の迷妄を打ち破り、永遠の真理をすべての人々へ──。多くの人々を「救世の使命」に目覚めさせ、大伝道への原動力となった、奇跡のシリーズ第5巻。

6 悟りに到る道

全人類救済のために──。「悟りの時代」の到来を告げ、イエス・キリストや仏陀・釈尊を超える「救世の法」が説かれた、初期講演集シリーズ第6巻！

7 許す愛

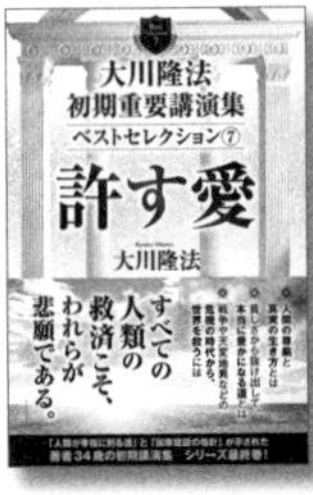

世界が闇に沈まんとするときにこそ、神仏の正しき教えが説かれる─。「人類が幸福に到る道」と「国家建設の指針」が示された、初期講演集シリーズ最終巻！

※表示価格は税込10％です。

大川隆法ベストセラーズ

初期講演集シリーズ 第1～7弾!

「大川隆法　初期重要講演集 ベストセレクション」シリーズ

幸福の科学初期の情熱的な講演を取りまとめた初期講演集シリーズ。幸福の科学の目的と使命を世に問い、伝道の情熱や精神を体現した救世の獅子吼《ししく》がここに。【各1,980円】

---

1 幸福の科学とは何か

これが若き日のエル・カンターレの獅子吼である──。「人間学」から「宇宙論」まで、幸福の科学の基本的思想が明かされた、初期講演集シリーズ第1巻。

2 人間完成への道

本書は「悟りへの道」の歴史そのものである──。本物の愛、真実の智慧、反省の意味、人生における成功などが分かりやすく説かれた「悟りの入門書」。

3 情熱からの出発

イエスの天上の父が、久遠の仏陀がここにいる──。聖書や仏典を超える言魂が結晶した、後世への最大遺物と言うべき珠玉の講演集。待望のシリーズ第3巻。

初期質疑応答集

4 人間力を高める心の磨き方

人生の意味とは、智慧とは、心とは——。多くの人々の「心の糧」「人生の道標」となった、若き日の質疑応答集。人類の至宝とも言うべきシリーズ第4弾！

5 発展・繁栄を実現する指針

信仰と発展・繁栄は両立する——。「仕事」を通じて人生を輝かせる24のQ＆A。進化・発展していく現代社会における神仏の心、未来への指針が示される。

6 霊現象・霊障への対処法

悪夢、予知・占い、原因不明の不調・疲れなど、誰もが経験している「霊的現象」の真実を解明した26のQ&A。霊障問題に対処するための基本テキスト。

7 地球・宇宙・霊界の真実

世界はどのように創られたのか？ 宇宙や時間の本質とは？ いまだ現代科学では解明できない「世界と宇宙の神秘」を明かす28のQ＆A。シリーズ最終巻！

※表示価格は税込10%です。

大川隆法ベストセラーズ

初期
質疑応答
シリーズ
第1～7弾！

「エル・カンターレ 人生の疑問・悩みに答える」シリーズ

幸福の科学の初期の講演会やセミナー、研修会等での質疑応答を書籍化。一人ひとりを救済する人生論や心の教えを、人生問題のテーマ別に取りまとめたＱＡシリーズ。【各1,760円】

---

1 人生をどう生きるか

幸福の科学の初期の講演会やセミナー、研修会等での質疑応答を初書籍化！ 人生の問題集を解決する縦横無尽な「悟りの言葉」が、あなたの運命を変える。

2 幸せな家庭をつくるために

夫婦関係、妊娠・出産、子育て、家族の調和や相続・供養に関するＱＡ集。人生の節目で出会う家族問題解決のための「スピリチュアルな智慧」が満載！

3 病気・健康問題へのヒント

毎日を明るく積極的、建設的に生きるために——。現代医学では分からない「心と体の関係」を解き明かし、病気の霊的原因と対処法を示した質疑応答集。

幸福の科学出版

幸福の科学グループのご案内

宗教、教育、政治、出版などの活動を通じて、地球的ユートピアの実現を目指しています。

幸福の科学

一九八六年に立宗。信仰の対象は、地球系霊団の最高大霊、主エル・カンターレ。世界百六十五カ国以上の国々に信者を持ち、全人類救済という尊い使命のもと、信者は、「愛」と「悟り」と「ユートピア建設」の教えの実践、伝道に励んでいます。

（二〇二二年九月現在）

愛

幸福の科学の「愛」とは、与える愛です。これは、仏教の慈悲《じひ》や布施《ふせ》の精神と同じことです。信者は、仏法真理をお伝えすることを通して、多くの方に幸福な人生を送っていただくための活動に励んでいます。

悟り

「悟り」とは、自らが仏の子であることを知るということです。教学《きょうがく》や精神統一によって心を磨き、智慧《ちえ》を得て悩みを解決すると共に、天使・菩薩《ぼさつ》の境地を目指し、より多くの人を救える力を身につけていきます。

ユートピア建設

私たち人間は、地上に理想世界を建設するという尊い使命を持って生まれてきています。社会の悪を押しとどめ、善を推し進めるために、信者はさまざまな活動に積極的に参加しています。

国内外の世界で貧困や災害、心の病で苦しんでいる人々に対しては、現地メンバーや支援団体と連携して、物心両面にわたり、あらゆる手段で手を差し伸べています。

年間約２万人の自殺者を減らすため、全国各地で街頭キャンペーンを展開しています。

公式サイト **www.withyou-hs.net**

自殺防止相談窓口

受付時間　火〜土:10〜18時（祝日を含む）

TEL **03-5573-7707** メール **withyou-hs@happy-science.org**

ヘレン・ケラーを理想として活動する、ハンディキャップを持つ方とボランティアの会です。視聴覚障害者、肢体不自由な方々に仏法真理を学んでいただくための、さまざまなサポートをしています。

公式サイト **www.helen-hs.net**

入会のご案内

幸福の科学では、大川隆法総裁が説く仏法真理《ぶっぽうしんり》をもとに、「どうすれば幸福になれるのか、また、他の人を幸福にできるのか」を学び、実践しています。

入会

仏法真理を学んでみたい方へ

大川隆法総裁の教えを信じ、学ぼうとする方なら、どなたでも入会できます。入会された方には、『入会版「正心法語《しょうしんほうご》」』が授与されます。

入会ご希望の方はネットからも入会申し込みができます。

happy-science.jp/joinus

三帰《さんき》誓願《せいがん》

信仰をさらに深めたい方へ

仏弟子としてさらに信仰を深めたい方は、仏《ぶっ》・法《ぽう》・僧《そう》の三宝《さんぽう》への帰依を誓う「三帰誓願式」を受けることができます。三帰誓願者には、『仏説・正心法語』『祈願文《きがんもん》①』『祈願文②』『エル・カンターレへの祈り』が授与されます。

幸福の科学 サービスセンター
TEL 03-5793-1727
受付時間／
火〜金：10〜20時
土・日祝：10〜18時
（月曜を除く）

幸福の科学 公式サイト
happy-science.jp

ハッピー・サイエンス・ユニバーシティ

Happy Science University

ハッピー・サイエンス・ユニバーシティとは

ハッピー・サイエンス・ユニバーシティ（HSU）は、大川隆法総裁が設立された「現代の松下村塾」であり、「日本発の本格私学」です。建学の精神として「幸福の探究と新文明の創造」を掲げ、チャレンジ精神にあふれ、新時代を切り拓く人材の輩出を目指します。

人間幸福学部　経営成功学部　未来産業学部

HSU長生キャンパス TEL **0475-32-7770**
〒299-4325　千葉県長生郡長生村一松丙 4427-1

未来創造学部

HSU未来創造・東京キャンパス
TEL **03-3699-7707**
〒136-0076　東京都江東区南砂2-6-5　公式サイト **happy-science.university**

学校法人 幸福の科学学園

学校法人 幸福の科学学園は、幸福の科学の教育理念のもとにつくられた教育機関です。人間にとって最も大切な宗教教育の導入を通じて精神性を高めながら、ユートピア建設に貢献する人材輩出を目指しています。

幸福の科学学園

中学校・高等学校（那須本校）
2010年4月開校・栃木県那須郡（男女共学・全寮制）
TEL **0287-75-7777** 公式サイト **happy-science.ac.jp**

関西中学校・高等学校（関西校）
2013年4月開校・滋賀県大津市（男女共学・寮及び通学）
TEL **077-573-7774** 公式サイト **kansai.happy-science.ac.jp**

仏法真理塾「サクセスNo.1」

全国に本校・拠点・支部校を展開する、幸福の科学による信仰教育の機関です。小学生・中学生・高校生を対象に、信仰教育・徳育にウエイトを置きつつ、将来、社会人として活躍するための学力養成にも力を注いでいます。

TEL 03-5750-0751（東京本校）

エンゼルプランV

東京本校を中心に、全国に支部教室を展開。信仰をもとに幼児の心を豊かに育む情操教育を行い、子どもの個性を伸ばして天使に育てます。

TEL 03-5750-0757（東京本校）

エンゼル精舎

乳幼児が対象の、託児型の宗教教育施設。エル・カンターレ信仰をもとに、「皆、光の子だと信じられる子」を育みます。
（※参拝施設ではありません）

不登校児支援スクール「ネバー・マインド」

TEL 03-5750-1741

心の面からのアプローチを重視して、不登校の子供たちを支援しています。

ユー・アー・エンゼル！（あなたは天使！）運動

障害児の不安や悩みに取り組み、ご両親を励まし、勇気づける、障害児支援のボランティア運動を展開しています。

一般社団法人 ユー・アー・エンゼル
TEL 03-6426-7797

NPO活動支援

いじめから子供を守ろうネットワーク

学校からのいじめ追放を目指し、さまざまな社会提言をしています。また、各地でのシンポジウムや学校への啓発ポスター掲示等に取り組む一般財団法人「いじめから子供を守ろうネットワーク」を支援しています。

公式サイト **mamoro.org**　ブログ **blog.mamoro.org**
相談窓口 **TEL.03-5544-8989**

100歳 幸福の科学

百歳まで生きる会～いくつになっても生涯現役～

「百歳まで生きる会」は、生涯現役人生を掲げ、友達づくり、生きがいづくりを通じ、一人ひとりの幸福と、世界のユートピア化のために、全国各地で友達の輪を広げ、地域や社会に幸福を広げていく活動を続けているシニア層（55歳以上）の集まりです。

【サービスセンター】**TEL 03-5793-1727**

シニア・プラン21

「生涯現役人生」を目指すための「百歳まで生きる会」の養成部門として、活動しています。心を見つめ、新しき人生の再出発、社会貢献を目指しています。

【サービスセンター】**TEL 03-5793-1727**

幸福実現党

幸福実現党 釈量子サイト
shaku-ryoko.net
Twitter **釈量子@shakuryoko**で検索

内憂外患《ないゆうがいかん》の国難に立ち向かうべく、2009年5月に幸福実現党を立党しました。創立者である大川隆法党総裁の精神的指導のもと、宗教だけでは解決できない問題に取り組み、幸福を具体化するための力になっています。

幸福実現党 党員募集中

あなたも幸福を実現する政治に参画しませんか。

＊申込書は、下記、幸福実現党公式サイトでダウンロードできます。
住所：〒107-0052 東京都港区赤坂2-10-8 6階 幸福実現党本部
TEL **03-6441-0754** FAX **03-6441-0764**
公式サイト **hr-party.jp**

HS政経塾

大川隆法総裁によって創設された、「未来の日本を背負う、政界・財界で活躍するエリート養成のための社会人教育機関」です。既成の学問を超えた仏法真理を学ぶ「人生の大学院」として、理想国家建設に貢献する人材を輩出するために、2010年に開塾しました。現在、多数の市議会議員が全国各地で活躍しています。

TEL **03-6277-6029**
公式サイト **hs-seikei.happy-science.jp**

出版 メディア 芸能文化 幸福の科学グループ

幸福の科学出版

大川隆法総裁の仏法真理の書を中心に、ビジネス、自己啓発、小説など、さまざまなジャンルの書籍・雑誌を出版しています。他にも、映画事業、文学・学術発展のための振興事業、テレビ・ラジオ番組の提供など、幸福の科学文化を広げる事業を行っています。

アー・ユー・ハッピー？
are-you-happy.com

ザ・リバティ
the-liberty.com

幸福の科学出版
TEL **03-5573-7700**
公式サイト **irhpress.co.jp**

THE FACT

ザ・ファクト
マスコミが報道しない
「事実」を世界に伝える
ネット・オピニオン番組

YouTubeにて
随時好評
配信中！

ザ・ファクト 検索

NEW STAR PRODUCTION

ニュースター・プロダクション

「新時代の美」を創造する芸能プロダクションです。多くの方々に良き感化を与えられるような魅力あふれるタレントを世に送り出すべく、日々、活動しています。 公式サイト **newstarpro.co.jp**

ARI Production

ARI《アリ》 Production《プロダクション》

タレント一人ひとりの個性や魅力を引き出し、「新時代を創造するエンターテインメント」をコンセプトに、世の中に精神的価値のある作品を提供していく芸能プロダクションです。 公式サイト **aripro.co.jp**